Rich致富235

口木醫生的股票投資術
治好股民常犯的投資病

口木醫生◎著

高寶書版集團

致富館 235

口木醫生的股票投資術：治好股民常犯的投資病

作　　者：口木醫生
編　　輯：蘇鵬元
校　　對：口木醫生、吳怡銘
出 版 者：英屬維京群島商高寶國際有限公司台灣分公司
　　　　　Global Group Holdings, Ltd.
地　　址：台北市內湖區洲子街88號3樓
網　　址：gobooks.com.tw
電　　話：(02) 27992788
E-mail　：readers@gobooks.com.tw（讀者服務部）
　　　　　pr@gobooks.com.tw（公關諮詢部）
電　　傳：出版部（02）27990909　　行銷部（02）27993088
郵政劃撥：19394552
戶　　名：英屬維京群島商高寶國際有限公司台灣分公司
發　　行：希代多媒體書版股份有限公司/Printed in Taiwan
初版日期：2011年9月

國家圖書館出版品預行編目資料

口木醫生的股票投資術：治好股民常犯的投資病/口木醫生著.
-- 初版. -- 臺北市：高寶國際, 希代多媒體發行, 2011.9
　　面；　公分 --（致富館；235）

ISBN 978-986-185-628-5（平裝）

1.股票投資　2.投資技術　3.技術分析

　563.53　　　　　　　　　　　　　　　100014030

口木醫生的股票投資術

口木醫生的股票投資術

治好股民常犯的投資病

目錄 | contents

Part 2 實用財務分析

Part 3 進場前還需要注意的事

PART 4：股票投資實戰

PART 5：零股投資法：小錢也能滾出大財富

【推薦序】

散戶的自學成功之路

理財專家暨暢銷書作家　林奇芬

　　股票是全民投資運動，早在 20 年前我剛大學畢業時就躬逢其盛。當時，新台幣大幅升值，從 40 元兌 1 美元漲到 25 元兌 1 美元，台股也從 1,000 點漲到 12,000 點，街頭巷尾每個人都瘋股票。但是，後來景氣反轉、新台幣大貶，台股也從天堂掉到地獄，那是我第一次經歷的投資震撼教育。

　　從那次經驗我深深體會，投資是有風險的。買股票，不只是要會看基本面挑對好公司，還要注意周邊環境的變化，更要練就反市場操作心理戰，才能夠趨吉避凶。

　　但是，早年投資市場的資訊非常不充分，投資人要找到公司財報相當困難，技術分析線型還要自己動手畫，甚至投資大環境的經濟數據，揭露的也

不夠完整與即時。在那樣的環境下，想當一個投資高手可不容易。

　　相較之下，現在的投資人可就幸福多了，打開電腦進入網路世界，從公司基本資料、整理過的財報數據、各種技術分析圖形，可說是應有盡有。現在投資人想自學當投資高手的機會大大增高。

　　本書作者口木醫生，是一位眼科醫生，利用餘暇的時間研究股票，並將自己的投資心得寫在部落格「口木看盤室」，算是一位自學成功的散戶。而由於內容紮實豐富，成了網路上熱門的部落客，而今更進一步將投資心得寫成一本書，造福更多的投資人。

　　我仔細看過口木醫生這本書的內容，不僅相當佩服，也非常認同。佩服的是，要把投資的基礎功夫紮得深，需要花很多工夫，而口木醫生在忙碌的工作之餘，不僅深入研究，還持續在網路上發表文章，這需要高超的時間管理能力與助人的熱情，才能完成。認同的是，口木醫生書的內容，教投資人要深入的去認識一家公司再投資，包括從看懂財務數字，到認識技術分析，以至克服心理盲點，多面

向的評估，都是我非常認同也時常提醒投資朋友注意的。

　　他在書中提出「口木選股八法圖解」，要挑選一支股票前，至少要問過八個重要的問題。這些問題包括了財務基本面，也包括了市場消息與動向，顯見沒有經過層層篩選，不能輕易下手買股。一般投資人在買股票前，很少會問自己這麼多個尖銳問題，但也因此總是賺少賠多，所以多想想口木八法，應該可以大幅降低虧損的機會。

　　另外，他也特別強調，投機與投資不同，長線與短線不同，短線客要多注意籌碼面、技術面，而長線投資人要更重視基本面。確實，許多投資人往往將這二者搞混了，結果投機不成變套牢，想投資卻不做研究又沒耐心，這都是常見的錯誤投資行為。投資人看完本書後，再仔細檢討一下自己的投資方式，應該會有豁然開朗的感覺。

　　最後，我非常同意口木醫生所說的，每個人都應該先把本業做好，才能談投資理財，這也是我在《治富》這本書中不斷強調的觀念。理財是為了讓人生更美好，但人生要事業、家庭、生活、健康、

財富都能兼顧，才算幸福，任何一方過度偏頗，最
終都會付出代價。期待讀者看完這本書後，都能重
新思考自己的投資之道，並朝向幸福的道路前行。

自序

常有網友問我是哪一科的醫生，我總是打趣地說：眼科、股科——雙專科！

現實生活中，我是個在醫院穿梭的眼科主治醫師，以慧眼巧手醫治患者的肉體疾病；當夜幕低垂，我放下手術刀、脫下白袍，在網路的世界裡，我化身為「股科醫師」，為素昧平生的網友們現身說法，一一解治他們的「理財投資病」。日以繼夜的雙專科服務雖耗去我許多時間，卻仍樂此不疲，因為成為醫者的初衷就是以一己之智慧與技術為人們解除痛苦煩惱，而這兩種身份與工作早已融入我的行醫生活毫不衝突。

說來也許你不相信，我曾是追高殺低、套牢滿手的標準散戶，在股市裡沉浮多年始終找不到投資不賺錢的問題何在。直到我陸續遇到幾位高人指點，他們無私地傳授寶貴的投資心法，加上數年來不斷潛心研究遍讀群書及實戰體驗，總算自學初有

所成。

　　我相信多數股市老手經歷過股海凶險而能生存
必有其可觀心法訣竅，只可惜鮮少有機會將領悟之
心得公諸於世。過去我曾發下此願：若有一天能體
會到市場的道理，我願意振筆寫出人人讀得懂的淺
白文字，幫助投資新手擺脫賠錢的宿命！雖然自知
功夫尚淺、修行未深，但機緣成熟，在網友的催促
聲中，我決定將過去發表於部落格及雜誌專欄裡的
文章集結整理成冊，提供有志學習的股市投資者簡
明而實用的參考指南。

　　針對股票族常犯的的投資病，我開立了循序漸
進的五帖藥方，分列是：

Part1 股票投資觀念解剖

　　猶如醫學系大一必修的普通生物解剖學，我以
投資週期為骨架勾勒出股市投資的解剖全圖，並提
出五點常見的投資錯誤觀念並加以破解，讓讀者得
以貼近市場核心的透徹視野。

Part2 實用財務分析

對股市投資有了初步認識後,下一步必須學習觀看財務報表並從中找到對應買賣決策的線索。我提出六項最簡單易學好用的財務指標並舉例解說,相信人人都可以由此輕鬆踏入基本分析之門。

Part3 進場前還需要注意的事

此時讀者應該迫不急待想到進場廝殺了吧!稍安勿躁,在你進場之前還需要對股市全貌有更深層的領悟才行。我分別以技術面、基本面、心理面等多重面向帶出股市投資心法,輔以真人真事印證,快速打好你的習股內功。

Part4 股票投資實戰

總算到了進場決戰的時刻!我以「口木八法」幫助讀者快速選到好股票,接著明確解說如何加碼買進、何時該減碼出場,希望大家都能選對股票、買對點位、漂亮獲利出場!

Part5 零股投資法

對於學生族及社會新鮮人來說，手上沒錢投資是最大的問題！口木長期提倡零股投資，讓年輕人能利用零股化整為零的特性，及早越過理財投資的限制門檻。就算你身邊只有幾百元零用錢，練完口木股市絕學之後，都能透過零股投資下場實戰驗證喔！

服用了口木醫師的五帖處方之後，我想多數散戶投資病已能藥到病除，希望讀者們跟我一樣，不斷透過投資實戰積累屬於自己的投資哲學與人生智慧，行有餘力亦能將知識廣為宣流教化，祈願世上每少一位投資失利的可憐人，就能挽救隨之破碎的家庭與無辜受牽連的家人啊！

感謝高寶書版的用心與協助讓這本書得以問市，期望本書能帶給讀者的除了是投資致富的夢想之外，更是築夢踏實的感動！

僅將人生中第一本書獻給我最親愛的老婆與家人、生命中難忘的回憶，以及每一位值得終身信賴的朋友。

【前言】

口木遇黃疸老人

　　這不是遠古的歷史故事，而是發生在十年前一個未眠的夜……

　　當時口木在內科當實習醫師，值著大夜班，剛忙到一個段落結束，走進護理站撞見一位瘦小、皮膚蠟黃的老伯，正在跟護士聊天……

　　依我的「專業直覺」，這老伯八成是肝硬化造成了黃疸，他大大的肚子間接印證了我的臆測……

　　小姐把我叫了過去，說：「銀蛋[1]！這位老伯很會做股票耶，你要不要向他討教一下？」

　　這位老伯抬頭望了我一眼，用泛黃的眼神上下打量兩回，直斷：「小子，我看你是習股之人，將來必成大器。」

　　（咦！該不會真要傳給我如來神掌吧？）

1　「銀蛋」是 Intern 的日文腔發音，實習醫師偶爾會被如此稱呼。

　　跟他聊了一下我對股票的看法、想法，他直搖頭道：「我做股票三十幾年，有些關鍵，說破了不值錢……反正我明天就要出院，下次再進來不知道什麼時候，你現在忙不忙？」

　　我說：「嗯，伯伯，我想聽聽你的經驗……」

　　老伯點點頭，接道：「第一，不能借錢玩股票！我手上有兩筆帳戶，當我錢不夠，最多自己跟自己借錢，頂多，兩個帳戶都賠光，那就不玩了。」

　　「像我這樣子小小的玩，行情好的時候有幾萬元可賺，行情不好時，一個月多賺個三、五千也不錯啊！」

　　「我退休前在報社服務，因為工作的關係，我時常會接觸很多的產業資訊，所以我知道哪一家公司的業績好，在消息還沒刊出來之前，我已經先買好了。」

　　「要怎麼看一支股票會不會漲？很簡單，就看他的量，一直縮，一直縮，縮得愈小愈好，那就是打底完準備要漲的前兆！」

　　我不解問道：「老伯，書上說有量才有價啊，怎麼會是量小好呢？」

他再搖頭：「小兄弟，你想學股票，書上說的不要盡信，八成都是要害你的……」

我心裡愈覺這老伯邪門，該不會是肝毒攻心胡言亂語吧！

他再說：「你最近可以注意這支鋼鐵股……這檔我已經觀察很久了，它上個月的業績成長很多，量價配合非常完美，但消息還沒被報導出來，應該會有波行情，你觀察它的後勢，就當我送你的見面禮。」

（事後證明，老伯的眼光果然獨到……）

我睡意已至，雖然覺得有點興奮，卻也沒想再多問什麼……。黃疸老人很慈悲，沒有約我隔天在橋上為他穿鞋子，然而我再也沒遇過他。或許是因為這樣的奇遇，促使我對技術分析與主力控盤產生興趣，日後逐漸摸索出自己的心得。

經過十多年股海沈浮，我已從當年的菜鳥搖身一變成為股市老手。再度回頭思索老人的話語，才知道他教我的正是：資金控管、領先資訊、主力手法……，都是直指核心的股市心法啊！我甚至懷疑

黃疸老人根本就是神仙下凡指點，希望有天透過我
的生花妙筆，度化股海有緣眾生啊！

Part 1
股票投資觀念解剖

投資週期圖解面面觀

　　大家都知道股市有很多面向，最常講的有四個面：籌碼面、心理面（消息面）、技術面、基本面，在各種不同操作週期都有其重要性，投資人常得面面俱到才不會賠錢。以下分類說明：

1. 籌碼面

　　如果把股票比做賭桌上的籌碼，則每張股票等同參與賽局的賭具，當籌碼愈集中在主力手上，未來拉抬行情就愈容易，尤其在小型飆股的炒作過程中，籌碼面之計算與觀察更是馬虎不得的基本功；即便是大型權值股亦可見政府與外資操控指數的痕跡鑿鑿，故股市投資人應該有「賭盤籌碼」的觀念，更容易看透股市作價的真相。

2. 心理面、消息面

　　至於「消息面、心理面」屬於社會心理學的部

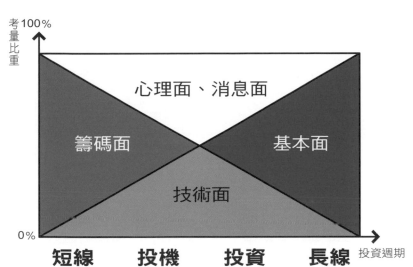

圖 1：投資心法圖示

分，其實是貫徹全局的根本動力，參考圖 1 的投資
心法圖示，我將心理面與消息面畫在上面，一方面
是因為「無以名之」，另一方面，正是要表達「萬
法不離心」的究義。有人認為「消息面」，可以直
接反過來解讀，但實際上並非如此簡單。我認為，
「消息面」反應著「主力的心理」：主力想要引導
群眾做的動作。所以，在圖 1 中，我會把消息面與
心理面放在一起就是這般道理。

3. 技術面

　　除了極端的長、短二極，個人以為，技術操作是業餘操股手的利器與進出依歸！我喜歡將「技術線」比喻為地層，他埋藏一段不同時間的族群在不同價位的交易紀錄，進而由此預測人們對於當前或未來價位的可能心理反應，於是才可以做出預判。

　　技術分析，只是一種工具，而非魔法棒。用得好、用得對，才有資格談利潤；反之，卻可能是主力用來愚弄散戶的陷阱！

　　技術分析實無定法，它不一定準確告訴你方向，也不會告訴你該怎麼做，它只是忠實記錄這段時間發生的事情，是否有省悟、有感動，是「人」所決定的。數理、圖形只是一種方便，卻非技術分析的真諦。學技術分析可能需要數載的實戰經驗方有初步體驗。在這之前，不斷地看線、思考、驗證，是不可避免的苦功！不論你是長線或短線投資者，個人以為，技術線型都是值得學習與參考的部分！

4. 基本面

基本面價值分析一直是股票投資的標準價值，然而多數人無法落實價值投資，原因就出在個股真實基本面並非業餘投資者可以輕易透徹了解，若吾人能痛下決心增強基本分析能力，並不斷吸收正確的產業訊息脈動，則可達成極高的長線價值投資勝率。

除了按照投資的面向來看，也可以依時間長短將投資分成：短線、長線、超短線、超長線等不同週期。

一般認為短線操作與其稱為投資，不如叫做「投機」；相對應來說，長線操作無機可投，故通常被認定為「投資」。投機與投資的心法迴異，依照操作週期長短與著重的面向不同，圖 1 簡單解說之。

圖 1 的橫軸，代表的是投資週期，最左邊代表極短線，最右邊代表海枯石爛的長線操作。縱軸，就是選股與操作上的考量比重。

口木座右銘

沒事別買股票，等出事了再來買股票。

1. 超短線投機

　　對照圖1看來，最左側的「超短線投機」就是100％只看籌碼面的投資操作。這時你不是投資家，也不是分析師，而是坐在牌桌上與主力對賭的玩命之徒；不要管財報，不要管線型，最重要的是記下牌桌上的每一張牌，看誰有多少籌碼，看誰喊的牌吹牛吹過了頭。

　　幾近100％的籌碼面，再參考「心理面、消息面」等元素，應該就是超短線投機的全部了。超短線投機者一定要看盤，而且要嚴設停損、停利，最重要的是，不要相信基本面，也不必執著技術分析！一切只以當天的盤勢做反應，專挑高價股與強勢股下手：敢追漲停也敢殺跌停，利多敢賣、敢空敢買，沒有固定的準則，彷彿高手過招，永遠不知下一秒刀光砍落誰的人頭。看起來似乎很好賺，事實上卻不輕鬆。說句實話，超短線投機是留給神人表演的舞台，並不適合多數平民百姓參與。

2. 短線投機

　　順著圖形橫軸往右移動，進入「短線投機」的

策略象限，在縱軸上可看到籌碼面的重要性稍淡，技術面的比重漸高，而心理面與消息面愈顯重要。短線投機賺的是順勢能量財富，因此技術分析的功力高低就決定了投資的績效，而技術分析並非只是表象生硬的線型法則，而在於交易紀錄背後的主力意志及市場心理操作，若能透視技術面與心理面兩者之間的關聯，則可以大幅提升短線投機的成功機率。至此，我仍然漠視基本面對於短線投機的必要性，這不代表我是個「基本分析無用論」的提倡者，只是在投機的領域裡，並沒有太多真實基本面的存在空間。

要抱就抱好股票，爛股票連看都不看，更不會去買。

3. 中長線投資

在圖 1 的右半邊，可以找到技術面與基本面並重的平衡點。隨著操作週期拉長，行情高低波動相互抵消後，可以找到上升或下降的發展趨勢線，反應的正是個股基本面與獲利成長力道的良窳，此時投資人可將技術面與基本面多做連結，回推主力站在內線角度順著基本面的質炒作技術面的勢，抓到股價發展的韻律脈動之後，投資人可放掉小波段的

價差，抓住大波段的行情，通常可以在數月至幾年
的週期內得到不錯的報酬機會。

4. 超長線投資

　　圖 1 的最右邊，就是許多台灣散戶幹的事：
「超長線投資」！理論上，所有的長線投資，終究
會回歸到基本面的價值，然而，多數人的長線投資
不但沒有獲利，而且大多血本無歸！長線投資會賠
錢，原因幾乎都出在買到基本面不好的股票，即使
當時的技術面、消息面、題材、籌碼都很好，一旦
時間拉長，終究要打回原形。

　　許多人將「消息面」誤認為「基本面」，只憑
一篇充斥吹捧願景概念的新聞稿，或者毫無根據的
獲利成長預測，即看好追買股票，如此輕率的投資
決策自然容易失敗！唯有不斷加強自己的基本分析
技巧，學會看財報及思考企業利基，才可能在一片
虛妄資訊中找到真正的好股票。

　　諸位可以由自己的進出週期來調整選股策略，
圖 1 就是一個簡明的引導。

　　圖形中愈往右，對應愈長線的操作，就得多加著重思考基本面（長期利基）；愈往左，愈短線的操作，就得多考慮籌碼面的變化（主力動向）。當你對股市了解愈多、用功愈深，有一天你也許就能夠「面面俱到、長短兼備」，期許諸位終究能找到最適合自己的投資策略哲理，穩健投資不賠錢、富足一生足矣！

口木座右銘

天底下總有擔憂不完的事情，我只買抱著睡得著覺的股票。

投資的誤解 1

你真的在長線投資？

　　「長線投資」這四個字，好比「願主保佑你」一樣，已經是股友們見面問候常說的一句吉祥話了！

　　有時候，聽到某人喜歡「做短線」，人們總不由自主地流露出「嫌惡」的表情，轉過背掩著嘴，忍不住批評道：「好投機喔……」、「對啊，一定沒好下場……」

　　然而，這些套著股票，自以為「長線投資穩操勝券」的巴菲特信徒們真的都賺到錢了嗎？你身邊有沒有買過 439 元的技嘉、320 元的藍天、629 元威盛、還是 355 元錸德的老前輩？這些人，目前都還在長線投資等待解套遙遙無期。

　　口木雖不是長線投資衛道主道者，也絕非喜好高風險之短線投機高手。如果你的長線投資結果不盡如人意，在夜深人靜之時，可曾在心靈深處燃

起疑情:「或許,自己根本就誤解了長線投資的意義?」

我們來聽聽價值投資大師巴菲特的說法:「逢低買進價值被低估的績優成長股,並長線持有,戰勝不理性的市場。」

細品巴佬的教誨,他提到了「價值」、「績優」、「成長」、「低檔」等關鍵字,可說字字珠璣耐人尋味;可惜,這麼經典的一段雋語,到了台灣卻在暢銷書裡解讀為:「隨時買、隨便買、不要賣」,讓許多立志學習價值投資的初心者最後套牢滿手,跌坐地上哭訴巴菲特騙人,著實冤枉了巴佬啊!

在上個世紀末,口木曾經歷群魔亂舞的全民炒股年代,在第四台的財經頻道裡充斥了梳著油頭、手拿魔法棒的老師吹捧不知所云的私家飆馬股,喊著「長線價值投資」咒語,彷彿仙佛附體、刀槍不入、八國聯軍也打不倒的義和團長!當時我也是坐在電視前狂做筆記的好學生,不斷接收興奮話術以及錯誤資訊,卻不知在美麗表象的背後正是害人長線投資失利的木馬病毒,毫無營養可言。

虛擲數年光陰後,我才慢慢體會巴佬開示的價

口木座右銘

美股收高,是給你明天出貨用的。

值投資奧義：尋找個股與產業的「利基」、判斷未來成長趨勢，並耐心等待市場非理性殺低時機進場買進持有！

　　而所謂的「利基」，通常是長期的寡占市場，以及可預期獲利。舉例來說，中華電信偏高的 ADSL 線路費被大家罵得臭頭，但以投資者的角度來看，的確是寡占的可預期利益，不管你用哪一家的寬頻網路，他都賺得到你的錢！同理，中鋼、台塑等強勢集團在國家特許保障下，總是能達到風險最小化、利益最大化的目的，雖然某方面違反公平競爭原則，但對股東權益來說卻是正向的！

　　另外還有一類股票，雖然沒有直接受到國家政策扶植保護，卻因為抓對了市場潮流，靠著驚人的獲利成長而符合價值投資法則，比如近幾年的宏達電在智慧手機市場殺出一條藍海生路，股價三級跳，讓股東們笑得合不攏嘴。（然而當股價炒作到千元以上，是否符合長線投資價值？就考驗著投資人的判斷智慧了！）

　　反面來說，只要違反：「長期可預期利基」、「股

價遭到低估」二個元素，即可能失去長線投資的價值。講得更露骨一些：只要有人在炒作的題材，就沒有長線投資的價值。長線投資的時機點通常出現在「很少人討論、沒有人炒作概念」的時候。

　　一塊花蓮海岸的石頭，自己去撿，一毛錢都不必花；等商人洗好在海灘賣給你，要 20 元。再運到台北玉市，號稱可以改善健康磁場，要價 200元！萬一成了嚴選花東玉，外銷到日本，甚至號稱可以「增進夫妻幸福」，可能就得開價數 10 萬日圓……。

　　然而，石頭終究只是石頭，不會因為從花蓮飛到日本就真能點石成金。

　　股票，也不會因為賦予題材、概念而增加其長線投資價值。

　　等別人包裝好的題材，最貴！也根本沒有長線投資的空間！

口木說法

　　你想要長線投資嗎？請聽口木幾句真心勸告：

1. 自己去挖掘具有未來利基之標的。
2. 耐心等待跌勢尋找適當切入買點。
3. 忽略一切「免費」或「廉價」的訊息。
4. 確認趨勢與價值後，發揮耐心，等待標的價值高估後的「賣點」。
5. 學習精進技術、熟稔基本分析、培養獨立思考的能力。

　　我認為，在台灣確實有長線價值投資的機會，但一定要先搞懂價值投資的每個元素，落實上述提示的幾個要點；千萬不要誤信「隨時買、隨便買、不要賣」的九字套牢真言，如此一來，你的長線投資策略才會安全、穩當、容易獲利喔！

投資的誤解2*

本益比低的股票真的比較好？

「本益比」是許多人股市入門的第一課，其公式如下：

本益比＝股價 ÷ 每股稅後盈餘

若你問股市新手：「本益比低比較好？還是高比較好？」

大概會換來白眼以對：「廢話！當然本益比愈低愈好啊！」

喔！孩子，現實世界與理論常是相反的！請先看圖2吧。

圖2是台股指數與本益比的關係，2000年的萬點行情後，台股急轉而下，台股本益比竟然隨之愈

＊本文首先發表於 Smart 智富月刊第 147 期

圖 2：台股加權指數與本益比

降愈低，若看在低本益比的面子上，從高點一路往
下買進，最後沒死也只剩半條命！直到 2002 年本
益比拉高到 45 倍，此時大盤指數反而打底浮現買
點，若死守著「高本益比不得進場」的規矩，可就
錯過了往後五年的大多頭！

　　等到 2008 年，本益比開始下修，卻蘊釀著下

一場悲劇的開端。2008 年金融風暴前台股本益比一直維持在 10 到 15 倍之間的合理範圍，甚至在 2007 年底出現指數愈高而本益比愈低的「背離現象」；隨後 2008 年台股崩盤，本益比不斷下修；到 2009 年多頭強彈時，卻又出現本益比高達 28 倍的反常現象；而到 2010 年初指數高點的時候，本益比又回到 20 倍以下的低檔。

期貨別凹單，會死人！

　　看了 12 年來的台股本益比線型，我們發現：台股經常在「高檔逃命點」出現低本益比、而在「低檔起漲點」出現高本益比訊號，聰明的你應該可以體悟到：「會賺錢的人，常常買在高本益比、賣在低本益比」，這簡直顛覆了過去投資學教科書上的金科玉律哩！

　　好吧，我們必須承認自己跟「本益比」並不太熟，讓口木帶著大家再研讀一下傳統本益比理論吧！

　　當股價在低檔，但獲利維持在高檔時，則本益比偏低，暗示這檔個股有逢低買進的投資價值；相反的，當股價飆高但獲利並未跟著成長，本益比算出來

偏高，表示股價脫離投資價值，應逢高獲利了結。

　　換個角度來說，本益比可推算為「投資回收年數」，當本益比等於 10，就表示若要維持此獲利水準，則該投資需等 10 年才能回收；當本益比等於 100，就告訴你這輩子大概沒指望回收投資！

　　一般而言，本益比在 10 倍以下屬於「高價值投資標的」，買進持有這類股票理應得到超額報酬，而本益比在 10 至 20 倍之間屬合理範圍，至於本益比高過 20 倍以上者較無長抱價值。

　　理論說得簡單，但為什麼現實操作想靠本益比獲利卻難如登天？經過長年觀察思索，我歸納出下列幾點原因：

1. 本益比的分母為「預估每股稅後盈餘」，既然為「預估值」，就只能反應已知的落後資訊，而無法保證未來實際獲利成果。

2. 本益比的估計乃根據過去幾季的財報計算推估，某些行業有顯著「淡旺季」（如百貨業）則容易推估失準。

3. 若干景氣循環股的盈虧起伏極不穩定（如營

建、DRAM、金融、鋼鐵），在股價高檔時，通常出現低本益比，股價低檔反而出現高本益比或虧損。

4. 股價巨幅波動時，獲利數據未能同步更新，故有「分子分母時差不同步」的問題，此乃本益比評價的先天缺陷。

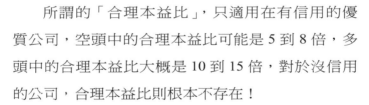

如果外資的話能聽信，那我保證台灣明天就可以進聯合國。

所謂的「合理本益比」，只適用在有信用的優質公司，空頭中的合理本益比可能是 5 到 8 倍，多頭中的合理本益比大概是 10 到 15 倍，對於沒信用的公司，合理本益比則根本不存在！

在本益比原始觀念裡面，用靜態的時間切面來評估股價合理性，其初始條件乃假定 EPS（每股稅後盈餘）為真實可信恆定：過去 EPS 如此、現在如此、未來短時間內亦應如此！認知這個「時間凍結」假設，才不會陷入「動態本益比」的迷失：**當 EPS 改變，本益比也亦隨之改變，加上原本就改變的股價，結果一式中三項皆變動，則減少數理分析價值。**

至於「未來成長」更不必費心考慮！因為「內

部真實情況永遠無法得知」，故外部投資人不必去
假設未來的變化。

　　**本益比是「基本分析」的根本法則，可惜實務
上只適用在「具基本面的個股」。**

　　主力飆股多半缺乏可信之基本面，因此通常不
適用基本面分析法則，而應改用技術分析。此時技
術分析的重點在於偵測主力吃貨、出貨的時機點
位。反過來說，大型績優股較缺乏明確的單一主
力，技術分析效果不明確，則用基本分析相當得心
應手。以上兩點極端之間，仍有中型績優主力股的
存在；故可在低檔以基本面、本益比來抓合理價位
範圍，再以技術分析偵測主力動向，進而反過來確
認檢視基本面是否有誤。
　　我強調的是：「不要在沒有基本面的個股上使
用基本面分析法！」
　　因為主力都是用這招害人的。所謂的「本夢
比」、「本益比看未來……」幾乎都是修飾出貨的謊
言！

口木說法

　　既然本益比有那麼多問題，我們是否應該直接丟掉這個工具？

　　我的答案是：「不！本益比是好工具，只需要學會正確使用的方法。」

　　在此提出個人使用本益比評價法則的心得：

1. 財務體質較弱、信用評等較差的個股不適用本益比評價！習慣唬爛畫大餅的劣質公司所說的一切「攏係假Ａ」！虛偽資訊當然要剔除於本益比評價之外。

2. 景氣循環股應該反向操作：「買在高本益比、賣在低本益比」，較接近真實股價走勢。

3. 適用本益比評價法則的公司乃本業收益穩定、財務狀況健全透明公開、股價波動較小的優質企業，當好公司的股東晚上才睡得香甜！

4. 不執著追求「超低本益比」的甜蜜買點，而要深入研究財報內容與產業訊息，才不容易被落後資訊蒙蔽。

> 5. 不同產業之間的本益比標準不一，個
>   股本益比應該與同產業公司評比較為
>   公允。
> 6. 成長型個股本益比可適當上調，才能
>   反應其獲利成長趨勢；反之，缺乏成
>   長力道的類股則應下調合理本益比。

　　歷史的經驗顯示，沒有一檔個股可以長久享有
超額本益比！我們既不應該追逐高本益比個股，亦
不宜過度執著低本益比買點。若能看清本益比的真
相，堅持只在低檔投資好股票，自然容易在股市長
久生存。

　　工具無絕對優劣，端看使用者能否充分發揮功
力。本益比絕對是初習股者需要熟悉的選股指標工
具，了解其特點與應用限制，投資路上必能少走許
多冤枉路。

投資的誤解 3

景氣指標與股價真有關？

常言道：「股市是經濟的櫥窗。」的確，股市乃資本主義市場資金流通集散處，相當程度反應總體經濟的熱絡程度，以及參與群眾之心理。聰明的經濟學家想到可以將某些經濟活動數據加以統計整理，用來反應甚至預測未來的景氣走勢方向。以下就以經建會定期公布的景氣指標搭配台股大盤指數做分析，看看這些指標到底對股票操作有沒有幫助。

指標 1：景氣領先指標

景氣領先指標[2]與大盤指數走向不但頗吻合，且具有預測未來景氣變動之功能，一旦領先指標抵達高峰（或谷底），則可預期一段時間後景氣亦將抵達高峰（或谷底）。

---

2 目前經建會編製之領先指標由外銷訂單指數、實質貨幣總計數、股價指數、製造業存貨量指數（取倒數）、工業及服務業加班工時、核發建照面積（住宅、商辦、工業倉儲）及北美半導體接單出貨比7 個項目組成。

圖 3：景氣領先指標與加權指數

　　圖 3 是台股指數與景氣領先指標對照圖，可以發現 2001 年景氣領先指標出現止跌回升的轉折點訊號，正好對應了大盤從 2000 年網路泡沫崩盤後的底部買點，此後展開長達 6 年的大多頭；而在 2007 年底景氣領先指標恰好又出現反轉而下的轉折訊號，果然隔年發生全球金融風暴，台股隨之腰斬崩盤，連續兩次提前出現的訊號可說異常準確。

　　讀者未來可長期追蹤這個指標訊號，如果景氣

領先指標發生反轉下跌則記得要減碼賣出,耐心等待景氣領先指標止跌走揚時再開始逐步加碼買進,直到下一次景氣領先指標出現反轉訊號再落待為安,獲利了結。如此簡單的總經指標操作法可幫助投資人明確掌握長線買賣點,順利賺取大波段行情。

指標 2:景氣同時指標

乍看景氣同時指標[3]與景氣領先指標的走勢相當接近,但細看則可發現兩者的轉折點時機有先後之別。如同名稱顯示「同時」,該指標並無「領先指標」的預測功能,甚至在轉折時機點上還落後給大盤指數。圖 4 可見在 2008 年金融風暴中,當景氣同時指標出現反轉向下訊號時,大盤已經跌了一大段,時機點已落後不少,綜合歷史經驗,我認為這個指標只適合拿來確認經濟景氣與股市發展是否背離,不宜直接拿來當成領先操作指標。

---

3 目前經建會編製之景氣同時指標由工業生產指數、電力(企業)總用電量、製造業銷售量指數、批發零售及餐飲業營業額指數、非農業部門就業人數、實質海關出口值、實質機械及電機設備進口值 7 個項目組成。

圖 4：景氣同時指標與加權指數

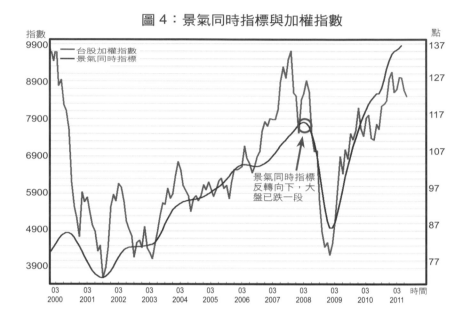

指標 3：景氣領先指標 6 個月平滑化年變動率

　　景氣領先指標 6 個月平滑化年變動率本身是一種「成長率」，特別的是，其以過去 12 個月的資料平均數為比較基期，與一般常見的「年成長率」不同，乃將計算期數值與基期比較後再轉換為複利型的年成長率。該指標不含長期趨勢，據稱可及早判斷景氣可能轉折，以過去數次台灣景氣循環經驗，景氣領先指標 6 個月平滑化年變動率領先景氣峰谷

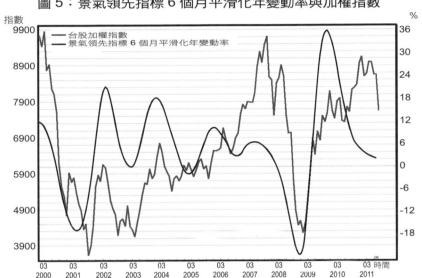

圖 5：景氣領先指標 6 個月平滑化年變動率與加權指數

約 5 個月。

　　圖 5 可見，景氣領先指標 6 個月平滑化年變動率確實領先股市指數變動方向，但因波動靈敏度高而不易判讀（偽訊號過多），**個人以為可視為預測未來景氣強度的訊號：當正變動率變大，則暗示未來景氣翻多走強的力道愈大，反之則暗示景氣走弱的力道加大**，可與景氣領先指標搭配使用判斷未來景氣變化的方向與力道。

指標 4：景氣對策信號

景氣對策信號[4] 以類似交通號誌之五種燈號顯示當前景氣狀況,「綠燈」代表景氣穩定、「紅燈」表景氣熱絡、「藍燈」表示景氣低迷,而「黃紅燈」及「黃藍燈」代表景氣可能轉向的警示燈號；不同的燈號可提示政府判斷景氣榮枯並採取對策,亦是投資者判斷景氣的重要參考。

雖然景氣對策分數振幅方向與指數幾乎是同向,但波動幅度過大而不易參考。仔細觀察,其高點幾乎都對應著大盤指數的高峰,也就是說,在景氣對策分數到達高分時,最好要反手賣出；而在連續亮出多次黃藍燈時,卻往往是景氣谷底的進場買點！難怪有許多股市達人把景氣對策燈號當成「股市反指標」！

個人以為,景氣對策燈號一來有過度敏感的問題,二來其轉折點表現飄忽不定,故無法直接當做

---

4 目前經建會編製之對策信號由 9 個項目構成,分別為貨幣總計數 M1b、直接及間接金融、股價指數、工業生產指數、非農業部門就業人數、海關出口值、機械及電機設備進口值、製造業銷售值、批發零售及餐飲業營業額指數。將這些項目分數加總後,可得景氣對策分數,其中 9-16 分為藍燈,17-22 分為黃藍燈,23-31 分為綠燈,32-37 分為黃紅燈,38-45 分為紅燈。

圖 6：景氣對策信號分數與加權指數

股市進出參考。

　　股市是總體經濟的一部份，故大盤指數表現與經濟數據之間必有脈絡可循，弄懂上述四大景氣指標的原理與特性，運用在股市操作上自然能如虎添翼、得心應手喔！

本文參考經建會網站：

http://www.cepd.gov.tw/m1.aspx?sNo=0009674

http://www.cepd.gov.tw/m1.aspx?sNo=0009690

投資的誤解4
定存概念股真的可以當定存？

　　股海凶險多舛難以預測，長期操股能夠安全生存下來的新手只占少數。吃過苦頭後，許多人轉而追求安穩回報之標的，期望定存的安全可靠、又不放棄股市高報酬的魅力，而「定存概念股」正是如此折衷理想下的產物。

　　剖析「定存概念股」之前，我們得先了解：「什麼是定存？」

　　定存，就是一筆錢放在某個銀行帳戶，期待其產生固定的利息收入。簡單的說，就是用時間換取利息，取得「金錢的時間價值」。

　　定存具有幾個特性：
　　1. 期滿後本金回收，百分之百保本。
　　2. 某個額度內，國家提供擔保，近乎零風險。

3. 若選擇固定利率，則可預知收益率，可視為
　　最典型之固定收益投資。

　　了解這些特性，我們再來比較所謂的「定存概
念股」，到底是什麼玩意兒？

　　個人以為，「定存概念股」須符合下列幾點條
件：

1. 本業獲利穩定

　　個股需具備該產業中市占率或技術門檻上的領
導地位，且主要獲利皆來自本業貢獻，而非偶發性
的業外收益。

2. 籌碼股本安定，股價不宜波動過大

　　若多數股權由董監、法人、政府基金等大股東
持有，有助於籌碼穩定；反之，若股本過小或換手
率過高，容易造成股價暴起暴跌的干擾，不利長線
投資者之持股信心。

3. 債信良好，幾無倒債風險

公司財務穩健、信用良好，債務品質優異，且現金流量適當，不過度操縱財務槓桿，亦不胡亂投資其它非相關行業，則倒債風險微乎其微，較能放心長線投資。

4. 高現金股利

「股價是假的，現金才是真的！」這句股海名言深植人心，確實頗有道理！

配發現金股利可為股東帶來正向現金流入，同時也是長線價值投資者最大的定期收益來源。過去台灣股民喜好股票股利，但近年來已轉為偏好現金股利，因此目前獲利穩定的公司順應潮流大多以發放現金股利為主。

放眼台股之中，最為人熟知的「定存概念股」，包括：中華電信、台積電、中鋼、台塑四寶（台塑、南亞、台化、台塑化）、台灣大……等一中一台系列股票。這幾檔個股幾乎都能符合這四項定存股條件。

口木醫生說

長期投資可能只是風險的累積。

　　上述幾檔股票的本益比通常維持在 12 到 15 倍之間，換算成殖利率，大約是 7 到 8％；如果以目前一年定存利率 1.2％來看，7 到 8％的殖利率相當於目前定存利率的 6 倍，不管怎麼算，放定存絕對不划算啊！於是許多人就傻傻的買、痴痴的抱，等待配股配息，以為這樣就鐵定能打敗定存獲利！

　　嘿！如此直線推理，其實藏有漏洞，如果你沒找出破綻，不如讓口木帶著大家一一破解。

1. 定存概念股，不保本！

　　沒錯！看看中鋼近年來的股價，從 2008 年初開始，半年來一路從 50 幾元，掉到最低的 19 元，可說腰斬有餘！（見圖 7）

　　就算一年給你賺個 10％的利息，萬一股價不漲回來，也得花個 10 年才能補回高達 6 成的本金折損！

　　本金不保證回本！這就是「投資股票當定存」的最大罩門！除非你能明確分辨股票的多空趨勢，否則，光是大空頭裡的「本金折價」，就有得受了。

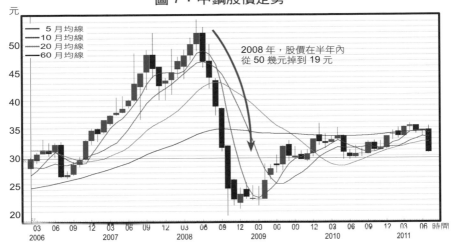

圖 7：中鋼股價走勢

2. 殖利率，不是這樣算的！

來複習一下本益比與殖利率的公式：

本益比＝股價／稅後純益

殖利率＝ 1 ／本益比

注意，企業的獲利並不完全直接分享給股東！
某些電子業，光是董監、員工分紅，就可以吃掉高
達 3、4 成的稅後純益，所以，有人主張「現金殖
利率」較能反應公司回饋股東的誠意。然而，每次
發放現金股利時，還是得從股價裡扣除價差，如果

圖8：明安股價走勢

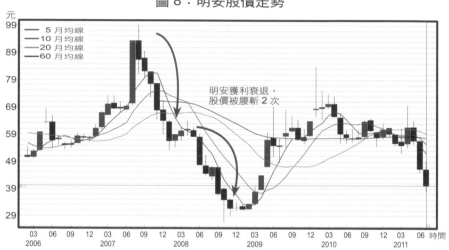

無法順利填息，那麼參加除息的人仍然無利可圖。

再來，EPS與殖利率都是過去的資料，無法反應未來的獲利情形；以做高爾夫球頭的大廠明安為例，2007年預估的現金殖利率高達10％，但受到景氣影響，隔年獲利大幅衰退，股價也隨之腰斬2次。（見圖8）

　　可見殖利率這種預估數字充滿了陷阱，若無法深入研究貼近產業實況，很容易就套牢賠錢！

3. 系統風險無法預知

企業如同人體，有生老病死的循環，幾乎找不到幾檔股票可以連續 10 年以上獲利；甚至多數企業主只把上市公司當成「印鈔機」，掏空、假帳醜聞層出不窮。多頭時期或能矇混一時，但遇到金融風暴就無所遁形了。覆巢之下無完卵，當大空頭來襲，所有吹捧出來的財報數據瞬間幻滅，幾乎所有公司的股價都受影響。只要參與市場，系統風險必然存在，投資者永遠無法期待股市裡有保本包賺的投資組合。

長期投資常只是套牢的一種婉轉說法。

4. 財報表現其實與股價成正比

用心的投資者可以發現，在股價高點時，個股預期獲利總是特別亮麗；而在股價下挫時，財報上的獲利數字亦隨之惡化。在此以台股指數做個實驗：

以「台股指數」除以「台股本益比」，就可以得到台股的「獲利點數」，這可以看成是整個台股的 EPS，畫成圖表就是：台股指數與 EPS 關係圖。

圖 9：台股指數與 EPS 關係圖

　　圖 9 一對照就非常清楚：台股的獲利與指數幾乎是同上同下，意即我們無法從 EPS 的高低去判斷指數或股價的高低進場點。進一步思考背後可能的原理：市場主力勾結公司派，不停操弄財報與獲利數字，投資者依本益比做股票只有追高殺低賠錢的份！在台灣，股東權益長期受到輕忽，多數股東只能默默承受虧損，自認倒楣！

綜上所論，只要是投資股票，就註定與風險同遊。除非看清楚股票投資的本質，否則輕易將「股票投資」與「定存」畫上等號，無異與虎謀皮！

你永遠無法掌握的內幕才叫基本面！

口木說法

關於「定存概念股」的投資，口木提出幾點建言：

1. 了解多空景氣循環與產業特質，勿輕易於空頭循環中一味加碼。
2. 分散時間風險，切勿隨意梭哈！
3. 盯緊企業獲利情況，勿迷信明牌。
4. 財報最亮麗、利多最興奮時，記得出場！

如果做不到上面幾點，個人建議：看完這本書之前，與其抱「定存概念股」，不如先老老實實存定存吧。

投資的誤解5

股市上萬點真健康？

每當股市進入多頭時期，眾多達官顯要就會對著媒體高喊：「9,000 點不算高！股市上萬點是健康的！」

證券分析師不忘加碼讚聲：「15,000 點近了、20,000 點指日可待！」

人們總是在股市激情演出時才一窩蜂地參與市場，於是誤以為價格上漲是股市的常態。溫故知新，讓我們翻開台股歷史，事實擺在眼前：

低檔，才是股市常態！

請看圖 10，這是自 1985 年至 2008 年間的台股走勢：其間最高點在 12,682 點，低點在 636 點，取中位值 6,600 點一條線畫開來，我們發現了什麼？

1. 台股 2/3 的時間在 6,600 點以下游走整理，
   如果把 6,600 點以上視為相對高檔來看，這

段時間只占台股歷史的 1/3。

2. 價格與成交量成正比。台股的高點轉折必定伴隨歷史巨量的發生，台股的低點轉折必定發生於窒息低量之後。

3. 歷史經驗告訴我們，一旦指數跌落 6,600 點低檔區，可能需要在低檔整理 3 到 5 年才會有下一波行情。一旦指數攻上 6,600 點高檔區，最多維持 2 到 3 年即會拉回 6,600 點以下重新整理。

口木說法

在台股歷史上，指數在 6,600 點以下的低檔低量區占了大多數時間，6,600 以上大量高檔區通常來得快去得也快，一旦人氣退潮人去樓空，人們又會慢慢對股市失去興趣，直到下次興奮高檔才又參與市場，因此留下股市只會不斷上漲的錯覺。如果我們懂得在窒息低量出現時於台股低檔進場，在巨量高檔逐步出場，就能夠避免長線套牢投資失利的命運。

口木座右銘

什麼是高手？過了五年還沒消失住市場的就是高手。

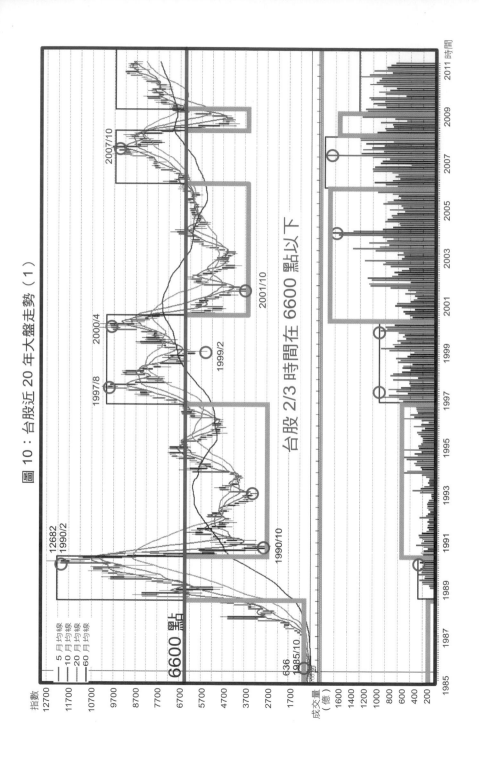

圖 10：台股近 20 年大盤走勢（1）

圖 11：台股近 20 年大盤走勢（2）

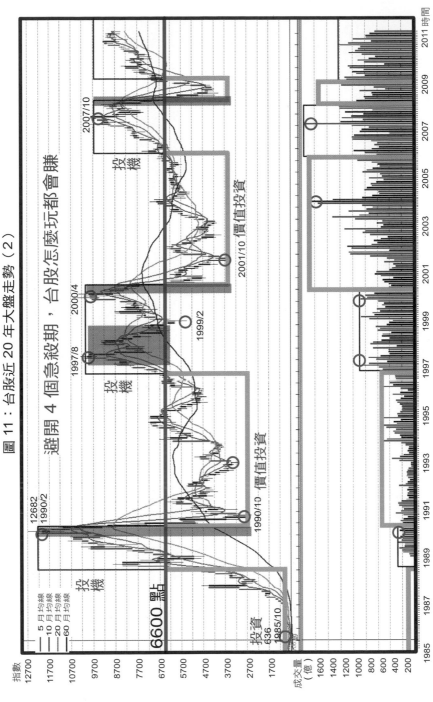

　　覺得意猶未盡，再幫圖 10 做個遮罩，把台股 20 年來殺得最凶猛的四個時段標出來，則得到圖 11，這些時段中，平均每一段急殺盤大概只有 5 到 8 個月：換句話說，我們如果在這 20 年中，成功避開這共約 30 個月的急殺期，其實在台股裡面真的是怎麼玩都會賺！

　　要如何避開殺盤？事實上答案已經寫在前面了：看到單日巨大成交天量出現時，不要跟著手舞足蹈，反而要懂得落跑！

口木說法

　　綜合以上歷史觀察結果，口木提出幾點心得供各位參考：

1. 在股市高檔請專心投機，不要太認真搞長線價值投資！
2. 萬一出現單日天量出貨後的急殺段，切記要停損，不要往下加碼！
3. 在低檔，耐心等待低量確認底部，然後開始價值投資！
4. 出現單日巨大成交量時，就可以腳底抹油準備閃人。

表 1：台股由高轉低反折點的巨大成交量

單位：新台幣

時間	台股成交金額
96/07/26	3220 億元
93/03/05	2537 億元
90/12/13	2262 億元
89/03/28	2921 億元
89/01/11	3256 億元
88/06/23	2298 億元
87/02/06	2776 億元
86/12/09	2190 億元
86/07/17	2968 億元
86/04/08	2388 億元

　　換個角度來看，如果整理過去 10 年內，台股由高轉低的反折點之前的最大量，可以發現（見表1），每次台股崩盤前，幾乎都會先出現單日 2,000億以上的巨大成交量；換句話說，一旦出現當日巨量，除非後續又有更高量能推升，否則崩盤的機會將逐步累加。從 2008 年金融風暴以來至 2011 年中，台股單日最大成交量皆未超過 1,900 億，可合理猜測這波大多頭的高點仍未出現，眼前的修正波

應該只是大多頭的前戲，而非崩盤。然而歷史經驗提醒著我們：2012 年若出現天量高檔，投資人最好得學會腳底抹油、先跑先贏！

為什麼股市「專家」常被戲稱為「專門害人家」？

因為他們多半都只在高檔教你落實「巴菲特價值投資」，殊不知價值投資的前提乃是堅持股價低於內含價值的低檔才能出手買進，而非到了興奮高點才人云亦云地胡亂追高。「價值投資」是千真萬確的道理，只要能抓對時機，低買高賣，獲利機率自然高。今天看到口木畫的 2 張歷史線圖，一目了然地告訴大家：股市高檔多半只有「投機價值」，低檔才有資格談論「價值投資」。藉由快速回顧台股歷史法則，我相信對各位一生的投資生涯必有莫大助益！

Part *2*
實用財務分析

實用財務分析 1
負債比

在前幾年金融風暴那陣子，身邊做股票的人幾乎哀鴻遍野愁容滿面，巧的是，每個人多少會抱著幾支地雷股。他們常會問我：「可不可以幫我看看這檔……」

我看看線型、財報後，總忍不住直言：「真是檔爛股票哩……」

也許對方會有點生氣，或者不知所措，問道：「你怎麼知道這是爛股票啊？」

我熱心地指著電腦螢幕說：「你看啊，線型這樣子跑，然後，再看這財報裡面……」

此時，朋友投以茫然的眼神回報：「口木，你說的這個太難了，不如我錢給你，幫我操作就好。」

Orz……很可惜，我身邊的股市投資者之中，鮮少跟我一樣買股票前會認真看線型、研究財報。問題的根源在於：人們以為財務分析是件困難艱澀的

工作。因此，我想要抓出幾個最簡單的財報重點，
在此介紹給各位，馬上就可以運用在投資選股上。

　　首先，請各位夥伴把你的右手借給我……（放
心，我不是要帶團康或騙你去挖鼻孔）把滑鼠點
到口木看盤室：http://rightgun.blogspot.com/ 的右下
方，找到「股票資訊工具」，你會看到：

圖 12：口木股票資訊工具

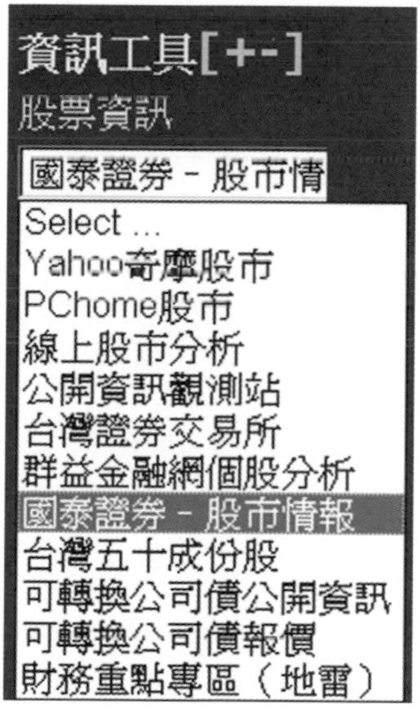

　　選單裡面都是我精心整理出來有用的網站與工具，諸位有空可以多去逛逛！我特別推薦「國泰證券－股市情報」，我認為它整理的財報資訊最為簡單好用，本書介紹的指標都可以在這個網站找到。

　　今天來上第一課，我們先學比較簡單的東西：負債比。

　　所謂的負債比，就是一家公司的「總負債」占「總資產」的比例。公式就是：

負債比＝總負債金額 ÷ 總資產

　　好比說，某甲的身家總共有 1,500 萬台幣，而他的房貸就有 1,200 萬，那麼某甲的個人負債比就是 1,200 萬 ÷1,500 萬＝ 80％。

　　大家想一想，負債比是愈高愈好還是愈低愈好？

　　答案當然是……愈低愈好啊！所謂「無債一身輕」，一家公司如果負債比愈來愈高，可想而知，往後經營的資金成本就會水漲船高！但是我們不必

追求「零負債」的完美目標，因為任何公司在經營
過程中不可避免地會創造出短期債務，適度舉債有
助於資產運作，不必然是壞事；但若負債比過高，
那鐵定不是好事。

我們來看看實例。這是一家玻璃類股的上游廠
商：富喬，過去幾年我曾經反覆操作這檔股票獲
利，請看表2整理該公司近年來的負債比例變化：

表2：富喬的負債比

年季	2006 3Q	2006 4Q	2007 1Q	2007 2Q	2007 3Q	2007 4Q	2008 1Q	2008 2Q
流動比率 (%)	293.32	356.97	409.17	130.17	151.54	117.6	123.55	76.23
速動比率 (%)	228.26	303.09	302.95	103.8	119.11	82.19	83.51	46.86
負債比率 (%)	7.52	9.27	9.12	23.11	25.4	37.08	43.15	52
利息保障倍數	72.24	88.3	31.81	60.23	47.86	22.04	15.48	3.3

年季	2008 3Q	2008 4Q	2009 1Q	2009 2Q	2009 3Q	2009 4Q
流動比率 (%)	133.1	132.72	142.42	137.81	78.12	78.93
速動比率 (%)	100.09	80.75	97.58	110.55	56.24	55.24
負債比率 (%)	60.14	58.25	61.14	63.8	70.44	73.71
利息保障倍數	2.15	0.82	-4.05	-0.96	2.01	-0.64

圖 13：富喬股價走勢

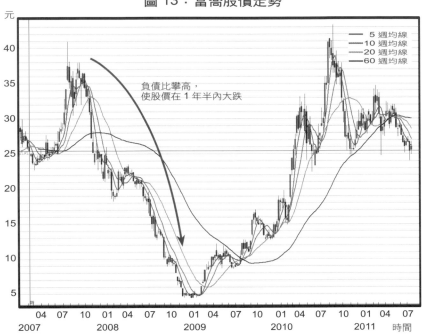

從表 2 可發現，富喬的負債比從 2006 年第 3
季的 7.5％一路攀升到 2009 年第 3 季超過 70％！不
斷舉債的同時，公司獲利卻無法隨之攀升，因此股
價隨之一落千丈，從高點 40.9 元，在 1 年半內跌到
最低點只剩 4.4 元。（見圖 13）

表 3：中華電信負債比

年度	2003	2004	2005	2006	2007	2008	2009	2010
流動比率 (%)	77.37	122.97	182.9	193.09	200.2	163.7	185.04	158.03
速動比率 (%)	74.29	119.27	175.42	187.32	193.96	156.37	180.52	154.26
負債比率 (%)	13.62	13.41	11.33	13.23	15.08	18.01	15.33	17.96
利息保障倍數	1367.62	13657.3	29818.91	14157.02	72219.05	144733.8	20232.78	748.94

　　我們可以拿中華電信當做對照組，表 3 可以看到中華電信的負債比率一直維持在 11 到 18％之間的低檔，對照股價表現相對平穩，即使是在金融風暴中，仍然挺住 45 元以上的股價（見圖 14），優異的財務品質提供了空頭時期的抗跌性，難能可貴。

　　這次口木教大家學會看「負債比率」，不妨把你手中持股都拿來檢視，是否有「負債比率不正常拉升」的情形，若看到這種情形，一定要去了解其中發生什麼問題，如果舉債的同時並沒有對公司營運帶來正向發展力量，則很可能是財務品質惡化的徵兆，投資人寧可選擇賣出持股再觀察後勢，以免誤上賊船後悔莫及。

圖 14：中華電股價走勢

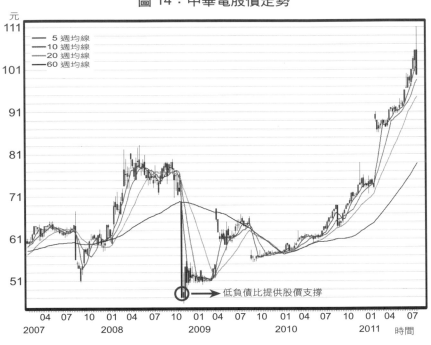

Well，各位已經踏出學習看財務數據的第一步
了，你這才發現：「學習財報數據竟然可以這麼輕
鬆、有趣啊！」

接下來，口木還要帶大家繼續學習其它同樣簡
單實用的財務指標喔！

口木說法

口木座右銘

別人包裝好的題材，最貴！

1. 負債比是檢視公司財報第一個要看的數據，一般來說，負債比率在 50％以下尚可接受，超過 50％以後就得多加注意債務品質及現金流向。但金融業負債比率動輒超過 9 成，乃屬特殊產業的正常現象，故不可直接以負債比率評定財務狀況。

2. 低負債比率的股票通常是現金充沛、營運順暢的公司，但適度舉債活用槓桿仍是公司營運之必要手段，我們不須過度追求極低負債比率的公司，只要負債比率合理、本業獲利良好則可列為投資觀察標的。

3. 單一負債比數據無法用來斷定某家公司的財務品質，最好能以每季負債比率之高低變化趨勢再輔以其它資產負債、現金流量等數據綜合分析，才能找出該公司的財務品質走向。

實用財務分析2
資產形成

前一篇學會了「負債比率」,體會到「一個指標看投資安全性」的威力。現在我們要更深入的了解:「什麼是資產?」

談到這個問題,就要從這個公式開始:

A(Assets)= L(Liabilities)+ EQ(Equity)

翻譯成中文,就是大家熟知的會計恆等式:

資產＝負債＋股東權益

打個比方:今天 Kevin 手上有 100 萬元現金,你會說他很有錢!事實上,其中可能有 80 萬是跟銀行貸款來的,那麼 Kevin 實際擁有的「現金權益」就是 20 萬元,其它的 80 萬元是 Kevin 的負債(欠銀行的錢),把這個狀況寫成公式就是:

Kevin's 資產＝ Kevin's 負債＋ Kevin's 權益

100 萬　　＝　　 80 萬　　＋　　20 萬

（總財產）　　　（借款）　　　（自有資金）

這樣是不是很清楚了呢？

　　再把「Kevin」想像是一家公司，那麼就可以把一家公司的「總資產」，分為「負債」與「股東權益」這兩部份。前者是公司的負債，後者是總資產扣除負債後的「淨值」（即股東權益）。

　　搞懂了上面這個公式，那就可以進入「資產負債表」，先來看看我最喜歡拿來舉例的中華電信 。（見表4）

表4：中華電資產負債簡表

單位：百萬

年季	2006 3Q	2006 4Q	2007 1Q	2007 2Q	2007 3Q	2007 4Q	2008 1Q	2008 2Q
流動資產	78,420	99,452	110,318	123,125	101,164	115,310	115,752	132,711
長期投資	3,659	3,966	5,019	5,237	5,604	7,001	10,557	10,401
固定資產	344,353	343,103	337,108	332,404	328,695	329,503	324,738	320,623
其他資產	3,260	3,269	3,365	3,627	3,698	3,849	4,018	4,309
資產總計	441,031	460,983	466,800	475,208	448,899	465,234	464,426	477,204
流動負債	43,366	51,505	44,511	75,144	38,084	57,597	46,671	87,408
長期負債	875	955	1,059	1,218	1,400	1,505	1,609	1,832
其他負債	7,650	8,506	8,947	9,880	10,368	11,064	11,303	12,979
負債總計	51,891	60,967	54,517	86,243	49,852	70,166	59,582	102,219
股東權益	389,139	400,017	412,284	388,965	399,047	395,068	404,844	374,986

我們看到 2008 年第 2 季的中華電資產負債表
數字：

　　總資產　＝ 477,204 百萬台幣＝ 4,772 億台幣

　　總負債　＝ 102,219 百萬台幣＝ 1,022 億台幣

　　股東權益＝ 374,986 百萬台幣＝ 3,750 億台幣

我們驗算一下：

總資產＝總負債＋股東權益

4,772 億＝ 1,022 億＋ 3,750 億

Bingo ！經過驗算果然正確無誤。

前一個單元所說的負債比率，就是把總負債拿
來除以總資產

負債比率＝總負債 ÷ 總資產

這邊得到中華電的 2008 年第 2 季負債比率就
是：1,022÷4,772 ＝ 21.4％。反過來說，股東權益
的比重就是：3,750÷4,772 ＝ 78.6%

大家常常聽到的「淨值」，就是拿「總股東權

益」去除以「普通股股本」,而股價淨值比(Price-Book ratio, P/B ratio)就是把個股股價除以淨值得到的比例。

股價淨值比＝股價 ÷ 淨值

股價淨值比是實務上很重要的財務評等數據,其數值理論上愈低愈好。了解上述幾項數據之後,另一個重點就是要進一步比較:「負債品質」與「資產品質」

負債依舉債期限長短可以分為長期負債和流動負債,長期負債通常指 1 年以上的負債,流動負債則是指 1 年以內的負債。我通常不喜歡有太高比例的「長期負債」,例如表 4 中,中華電的帳上長期負債很低,這表示公司的資金非常充裕,不需要長期舉債經營,自然就可以減少財務風險。至於流動負債是在經營過程中自然產生的負債,例如「應付帳款」,就是欠別人的錢,但做生意有來有往,這樣的負債不足為奇;只要最後能夠創造盈餘,過程中的短期負債都是健康的啦!

　　至於資產，可以分為「流動資產」、「長期投資」與「固定資產」。

　　公司擁有的現金、票據、應收帳款，都可以視為「流動資產」；而「固定資產」就是公司的「生財工具」。好比中華電帳上的固定資產比例非常高，由此可見電信業是巨額投資的事業，但相對的，一旦鋪設好網路機房設備，往後卻可以產生穩定的報酬。對股民來說，更重要的是觀察各項資產之間的變化關係，如果我們看到流動資產愈來愈少、固定資產與投資愈來愈多，那麼就有可能發生資金困頓的情形（例如把錢搬去買土地或高折舊的設備）。許多財務發生問題的公司都可以從資產負債表中看出「負債品質」與「資產品質」的變化。

　　我們來看這家在金融風暴中差點被 KO 的 DRAM 廠商：力晶。

　　表 5 就是力晶的資產負債簡表，從表中就可以看到，在金融風暴前後，公司的負債額居高不下，而經過減資財務重整後，長期負債削減，但股東權益卻大幅縮水。從這幾個簡單的數據即可洞悉這家

表5：力晶資產負債簡表

單位：百萬

年度	2006	2007	2008	2009	2010
流動資產	75,467	40,393	14,234	10,818	13,499
長期投資	12,650	34,021	34,692	30,006	31,360
資產總計	222,457	224,085	170,649	132,729	115,022
流動負債	55,091	53,047	68,003	57,196	52,546
長期負債	40,751	67,399	57,873	46,680	28,330
負債總計	96,612	120,599	126,032	104,075	81,295
股本	69,091	78,229	78,136	87,831	56,090
股東權益	125,845	103,486	44,617	28,653	33,728

公司近年來遇到不小的財務危機，各位聰明的讀者應該也不會把他列做長線投資標的吧！

實用財務分析3
利息保障倍數

財務數字何其多，很少人真的會買一本財會教科書細讀，但其實不必貪多，個人認為只要學會幾個好用的財務指標就受用無窮！而利息保障倍數（Interest Cover），正是其中一個好用的指標！

利息保障倍數的公式為：
利息保障倍數＝稅前盈餘 ÷ 利息支出

式中利息支出包括利息費用、資本化利息、以及營業租賃設算利息等。利息保障倍數可用來衡量償付借款利息能力，乃評估企業支付利息能力的重要指標。

若我將好友 Ryan 的財務狀況比做一家公司：
Ryan 的年薪 200 萬，每年要繳的房貸利息是

30 萬，可以概算一下他的利息保障倍數。

Ryan 的利息保障倍數

＝ 200 萬 ÷30 萬＝ 6.67（倍）

也就是說，他每 6.67 元的稅前收入，就會有 1 元要去付利息。

這樣說來，「利息保障倍數」當然是愈高愈好！因為盈餘愈高、利息支出愈低，代表財務品質愈好！對於債權人來說，選到「利息保障倍數」高的公司，等於吃了一顆定心丸，比較可以放心不被倒債。

照例，我們來看中華電信的利息保障倍數。（見表 6）

表 6：中華電償債能力表

年季	2006 3Q	2006 4Q	2007 1Q	2007 2Q	2007 3Q	2007 4Q	2008 1Q	2008 2Q
流動比率(%)	180.83	193.09	247.84	163.85	265.63	200.2	248.02	151.83
速動比率(%)	176.84	188.86	241.95	160.07	258.32	195.35	242.11	148.43
負債比率(%)	11.77	13.23	11.68	18.15	11.11	15.08	12.83	21.42
利息保障倍數(倍)	21,906	6,948	131,430	57,523	46,533	142,395	313,160	183,127

表 7：歌林償債能力表

年季	2006 2Q	2006 3Q	2006 4Q	2007 1Q	2007 Q2	2007 3Q	2007 4Q	2008 1Q
負債比率 (%)	63.29	64.06	62.91	62.31	58.9	60.01	62.7	63.86
流動比率 (%)	137.09	137.03	134.58	132.79	147.22	171.31	186.64	189.97
速動比率 (%)	99.18	100.96	97.6	100.66	106.06	130.23	142.7	141.02
利息保障倍數(倍)	2.21	2.41	1.6	3.05	3.27	2.56	1.46	1.05

　　嚇死人啦！中華電的利息保障倍數竟然動輒數
10 萬倍！這表示該公司每季的稅前獲利都遠遠超過
利息支出所需，倒帳風險微乎其微，若說這家公司
會倒閉，那可真是天下紅雨、六月飄雪吧！

　　再來看看對照組：歌林電器。這家公司一度是
熱門飆股，但在金融風暴中不幸中箭落馬，目前重
整中。我們來看看能否從財務數據中看出問題。

　　從表 7 來看，帳上除了可看到負債比偏高之
外，利息保障倍數也只在 1 到 2 倍之間浮動，這表示
稅前獲利大半都被拿去還利息，舉債經營壓力很大。

　　若借錢給這樣的公司，被倒債的機會應該不低
（事實證明，其發行的可轉換公司債歌林一果然發
生下櫃倒債危機）。

　　表 8 是 LCD 驅動 IC 大廠聯詠的償債能力表，利息保障倍數看起來還算不錯，如果你買想這家公司的公司債，看到這個數據，就會安心許多。

　　從圖 15 來看，雖然金融風暴中聯詠股價慘跌，但其發行的可轉換公司債卻在 100 元以下相對發揮了債券價值支撐。

　　從「利息保障倍數」的高低可快速透視一家公司的盈利與經營成本概況，不管你是要買他的股票還是公司債，都是相當值得參考的重點財務數據喔！

表 8：聯詠償債能力表

年季	2006 3Q	2006 4Q	2007 1Q	2007 2Q	2007 3Q	2007 4Q	2008 1Q	2008 2Q
流動比率（％）	216.86	220.75	260.27	169.56	206.94	244.07	235.97	154.36
速動比率（％）	180.69	184.78	221.01	151.27	179.57	219.78	213.68	140.34
負債比率（％）	39	37.17	32.15	49.28	40.68	34.93	36.52	51.65
利息保障倍數（倍）	47.15	43.75	38.45	44.07	45.24	38.73	25.49	26.46

圖 15：2008 年聯詠股價走勢

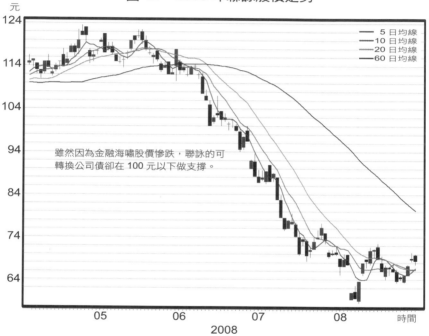

元

124

114

104

94

84

74

64

雖然因為金融海嘯股價慘跌，聯詠的可
轉換公司債卻在 100 元以下做支撐。

5 日均線
10 日均線
20 日均線
60 日均線

05   06   07   08   時間

2008

口木說法

1. 利息保障倍數反映了企業獲利能力高低，以及償還債務的保證程度；若缺乏足額的稅前獲利，很容易發生付不出利息的情況。

2. 單季發生虧損的公司，其利息保障倍數為負，而完全無借款營運的公司，因為分母為零，其值為無限大，則利息保障倍數無意義，因為適度舉債可能會有「避稅效果」，故實務上很少看到完全無借款營運的公司。

3. 此指標提供債權人衡量其債權安全性及企業長期償債能力。一般說來利息保障倍數愈高愈好，若要維持償債能力，該值至少得大於 1。反之，若利息保障倍數太低，則償債安全性及穩定性可能會出問題。

4. 欲得知企業償付利息能力之穩定性，一般而言會統計 5 年以上的利息保障倍數，並以 5 年內最低的利息保障倍數做為基礎利息償付能力指標。

如果複利的威力可在計算機上不斷累計而得，那我100年後可以買下地球。

實用財務分析4
股本及經營績效

　　企業的使命就是獲利，而獲利與營業成績及效率成正比，如何看懂「營業績效」乃基本分析裡的基礎重點。

　　打開經營績效簡表，可以看到的項目有：期末股本、營業收入、每股營業額、每股稅前盈餘、每股稅後盈餘等。

　　我們先舉電信股遠傳來說明：

　　從表9來看，遠傳的股本在1998到2004年一路膨脹，營收也隨之水漲船高，以「每股營業額」來看，從2000年的26元高峰後往下掉，之後就維持在近年的11元上下，但每股稅後盈餘都維持在3元左右，表示在營收下降的同時，能夠拉高毛利率，進而保持獲利水準。

表 9：遠傳經營績效表

單位：億元

年度	1997	1998	1999	2000	2001	2002	2003
股本	90	90	110	124	189	231	270
營業收入淨額	0	75	186	322	345	345	371
每股營業額（元）	0	8.3	16.9	26.0	18.28	14.95	13.74
稅前純益	(6)	(15)	20	39	64	77	81
每股稅前盈餘（元）	(0.7)	(1.6)	1.76	3.2	3.38	3.33	3
稅後純益	(5)	(9)	16	40	67	78	82
每股稅後盈餘（元）	(0.5)	(1)	1.5	3.3	3.52	3.39	3.04
年度	2004	2005	2006	2007	2008	2009	2010
股本	384	387	387	403	326	326	326
營業收入淨額	402	431	432	462	513	537	582
每股營業額（元）	10.47	11.14	11.16	11.92	15.76	16.49	17.85
稅前純益	146	162	146	137	131	126	109
每股稅前盈餘（元）	3.79	4.19	3.77	3.54	4.03	3.87	3.35
稅後純益	140	147	132	116	102	92	88
每股稅後盈餘（元）	3.65	3.8	3.4	3	3.12	2.83	2.72

　　值得注意的是：從 1995 年後多次經過減資造成股本縮小，同時拉高每股營業額，但反應在每股稅後盈餘上卻是逐年下滑的負面訊息，這表示該公司在產業內無法取得市占率的突破，產品線恐怕亦存有瓶頸，缺乏成長動力乃至萎縮的財務數據對於長期投資者而言相當值得警惕。

所謂股本是以票面載的每股 10 元計價，所以
和市值以股票現價計算會有出入。例如：2007 年遠
傳的流通股本是 403 億元，就表示總共有 40.3 億
股，換算成張數（每張 1000 股），就是 403 萬張股
票。如果遠傳的市價是 30 元，那遠傳的總市值就
是 40.3 億 ×30 ＝ 1,209 億元。

速記法：

每 1 億元的股本，就是 1 萬張（億元→萬張）

一般來說，我不喜歡股本過度膨脹而營收衰退
的公司，若獲利跟著同時減少，那更是大凶兆，例
如：過了巔峰期的前股王：威盛。（見表 10）

在 1995 年威盛的股本才 1 億元，經過短短 7
年就膨漲了百倍以上，但每股營業額卻從近 100 元
下降將近 8 成，反應在每股稅後盈餘上更是每況愈
下，2000 年還有高達 11.3 元，到了 2003 年後幾乎
年年虧損；經過減資，每股營業額仍不見起色，長
期虧損讓這檔叱吒一時的前股王在股價上顯得異常
落寞，當然，也早就從價值投資者的名單中除名。

表 10：威盛經營績效表

單位：億元

年度	1995	1996	1997	1998	1999	2000	2001	2002
股本	1	5	7	18	33	58	95	118
營業收入淨額（千）	14.3	17.7	43.3	58.9	112.5	308.7	338.5	251.2
每股營業額（元）	97.9	37.8	64.9	32.1	34.4	53.5	35.8	21.4
稅前純益	0.8	2.8	12.8	13.7	20.7	65.7	55.2	3.7
每股稅前盈餘	5.5	6	19.2	7.5	6.3	11.4	5.8	0.3
稅後純益	0.9	2.5	10.9	13.3	19.8	65.4	53.2	4.4
每股稅後盈餘（元）	6.2	5.3	16.3	7.2	6.1	11.3	5.6	0.4
年度	2003	2004	2005	2006	2007	2008	2009	2010
股本	125	130	128	129	129	129	53	87
營業收入淨額（千）	202.6	194.5	191.9	214.5	146.7	79.3	48.9	51.1
每股營業額（元）	16.2	15	15	16.7	11.4	6.1	9.2	5.8
稅前純益	-16.8	-49	1.4	-9.5	-42.9	-39.5	-27.4	-6.2
每股稅前盈餘	-1.3	-3.8	0.1	-0.7	-3.3	-3.1	-5.2	-0.7
稅後純益	-16.5	-49.8	1.3	-11.6	-49.4	-40.2	-28.3	-8.2
每股稅後盈餘（元）	-1.3	-3.8	0.1	-0.9	-3.8	-3.1	-5.3	-0.9

　　照例，我們得點播口木的最愛：中華電。

　　中華電的股本曾接過 1,000 億，近年經過多次減資目前股本為 776 億，在台股中算是股本非常大的權值股，所幸其獲利能力保持穩健，表 11 可見營收、盈餘幾乎都保持恆定，所以每股營業額、每股稅後盈餘都在固定的範圍內波動，說到定存概念股，這檔實在很難被取代。

表 11：中華電信經營績效表

單位：億元

年度	1997	1998	1999	2000	2001	2002	2003
股本	965	965	965	965	965	965	965
營業收入淨額	1698	1817	1947	2784	1822	1761	1791
每股營業額（元）	17.6	18.83	20.18	28.85	18.88	18.25	18.57
稅前純益	590	718	679	824	469	557	589
每股稅前盈餘（元）	6.12	7.44	7.03	8.54	4.86	5.78	6.1
稅後純益	449	545	517	628	373	432	485
每股稅後盈餘（元）	4.65	5.65	5.36	6.51	3.86	4.48	5.03
年度	2004	2005	2006	2007	2008	2009	2010
股本	965	965	967	967	970	970	776
營業收入淨額	1826	1834	1844	1863	1868	1840	1864
每股營業額（元）	18.92	19.01	19.07	17.52	16.09	17.25	19.22
稅前純益	608	596	576	611	585	562	564
每股稅前盈餘（元）	6.3	6.18	5.96	5.75	5.04	5.27	5.82
稅後純益	499	477	449	482	450	438	476
每股稅後盈餘（元）	5.17	4.94	4.64	4.54	3.88	4.1	4.91

　　換個角度思考，這樣幾近「零成長」的股票，雖然總能保持可預期的獲利，但因為缺乏成長力道，沒有炒作題材的想像空間，所以股價頂多只能緩步走揚而很難出現飆漲行情。

　　我們再來看電信三雄之一：台灣大。（見表 12）

表 12：台灣大經營績效表

單位：億元

年度	1999	2000	2001	2002	2003	2004
股本	200	276	377	450	470	489
營業收入淨額	268	452	488	466	450	451
每股營業額（元）	13.4	16.37	13.3	10.35	9.57	9.21
稅前純益	62	145	180	154	145	194
每股稅前盈餘（元）	3.1	5.25	4.91	3.42	3.08	3.97
稅後純益	60	142	168	149	133	167
每股稅後盈餘（元）	3.01	5.13	4.56	3.32	2.84	3.4
年度	2005	2006	2007	2008	2009	2010
股本	495	500	380	380	380	380
營業收入淨額	474	479	513	543	570	585
每股營業額（元）	9.57	9.58	10.26	14.29	15	15.4
稅前純益	183	175	81	198	181	164
每股稅前盈餘（元）	3.7	3.5	1.01	5.2	1.77	4.31
稅後純益	162	162	66	154	139	138
每股稅後盈餘（元）	3.28	3.23	1.32	4.04	3.65	3.64

台灣大在 2000 年達到營收高峰，之後每股營業額約在 10 元，每股稅後盈餘維持在 3 元上下，表現非常平穩。但在 2007 年底卻突然認列帳面虧損動作，讓每股稅後盈餘衰退將近一半。所幸隔年隨著減資效應讓每股營業額大幅成長，亦每股稅後盈餘維持在穩定高檔，讓股價得到不錯的支撐。

口木說法

1. 在公司成長期間，適度股本擴增可以增加營收動能，但若營收獲利未能同步增加，則股價通常會反轉而下。

2. 股本、營收、盈餘皆能保持同步成長者，為積極投資者的首選；而股本、營收、盈餘保持恆定不成長者，則為定存概念股投資者的目標。

3. 股本膨脹後缺乏營收成長動能者，後續可能經過減資縮小股本以改善財務結構，但若營收及獲利未見起色，則表示公司或產業缺乏競爭力，可直接停損出場，不宜留戀。

　　由股本、每股營收、每股盈餘等數字可交叉串聯出公司營運的狀況，接著發揮自己的想像力，即可寫出財務數字背後的故事。再怎麼不懂財報，至少瞄一下這幾個簡單數字，就可以輕鬆抓住出投資方向的線索喔！

實用財務分析5

損益分析

在四大財報中，「損益表」可說是最被重視的「成績單」！

以下我指出損益表中的幾個重點並舉例說明。

中華電這檔股票簡直就是每節課必點播的「最佳範本」，表13可見該公司每一季的營業收入、成本、毛利皆相當平穩！

尤其重要的是：來自本業的收益，幾乎占每一季獲利的九成以上高比例！

所謂的「業內收益」（營業利益），就是來自於該公司營業項目的獲利，其它來自於投資等非營業收益，就叫做「業外收益」（營業外收入）。

理論上，「業內收益」的比例愈高愈好！原因在於業外收益通常是不穩定的非經常性收入，容易受到景氣及市場行情波動影響。當我們投資一家公司時，主要著眼點應在其本業獲利能力，而非「投

表 13：中華電季損益表

單位：百萬

年季	2009 2Q	2009 3Q	2009 4Q	2010 1Q	2010 2Q	2010 3Q	2010 4Q	2011 1Q
營業收入淨額	45,093	46,295	47,444	45,518	46,255	46,830	47,808	47,584
營業成本	22,944	24,390	26,134	23,631	23,868	24,644	26,532	25,931
營業毛利	22,150	21,905	21,310	21,886	22,387	22,186	21,276	21,653
營業費用	7,532	8,143	8,320	7,354	7,833	8,159	8,637	8,090
營業利益	14,617	13,762	12,990	14,533	14,554	14,027	12,639	13,563
營業外收入	262	292	315	449	375	260	401	685
稅前純益	14,903	13,935	13,302	14,956	14,798	14,160	12,524	14,079
所得稅	3,429	3,017	2,723	2,895	1,867	2,207	1,859	2,244
稅後純益	11,474	10,918	10,579	12,060	12,931	11,953	10,665	11,835
每股稅後盈餘（元）	1.08	1.02	0.99	1.24	1.33	1.23	1.1	1.53

資控股操作能力」。更有甚者，「業外收益」經常淪為公司「美化財報」及「操縱股價」的財報工具，投資者常只看到某公司獲利大幅提升的利多消息而追進股票，卻沒發現可能只是偶發性的業外收益充數，這樣就可能會被消息面欺騙而套牢在高檔。

　　所以在分析損益表時，一定要記得分析出「業內外收益」的比重。而業內收益與業外收益的比值或占整體獲利的百分比，一般也可視為「盈餘品質」的重要指標！

　　另外，在「業外支出」項目裡還包括「投資損

失」！許多公司常會在這邊發生「意外」，我們要
特別小心爆出「巨額業外支出」的個股。

以同樣是電信股的台灣大為例（見表14），
2006與2007連續2年的第4季都因為巨額的「業
外支出」，造成該季營收的大幅下跌，對照財報公
布後的股價波動，令人印象深刻。

對照2007年爆出現單季虧損，2008年4月起
展開跌勢。

表14：台灣大 2006 至 2008 年季損益表

單位：百萬

年季	2006 4Q	2007 1Q	2007 2Q	2007 3Q	2007 4Q	2008 1Q	2008 2Q	2008 3Q
營業收入淨額	12,082	12,307	12,726	13,238	13,014	13,098	13,262	13,754
營業成本	5,323	5,331	5,498	5,731	5,810	5,584	5,779	6,117
營業毛利	6,759	6,976	7,228	7,506	7,204	7,514	7,484	7,637
營業費用	2,874	2,918	3,010	3,252	3,708	3,241	3,209	3,320
營業利益	3,885	4,058	4,218	4,254	3,496	4,273	4,275	4,317
營業外收入	809	935	1,571	1,251	782	1,325	1,325	1,129
稅前純益	3,486	4,747	5,613	4,713	-7,017	5,333	5,127	5,138
所得稅	541	937	1,421	990	-1,905	1,141	1,159	1,073
稅後純益	2,945	3,810	4,191	3,724	-5,112	4,192	3,968	4,065
每股稅後盈餘（元）	0.59	0.76	0.84	0.74	-1.02	1.1	1.04	1.07

圖 16：台灣大 2008 至 2009 年股價走勢

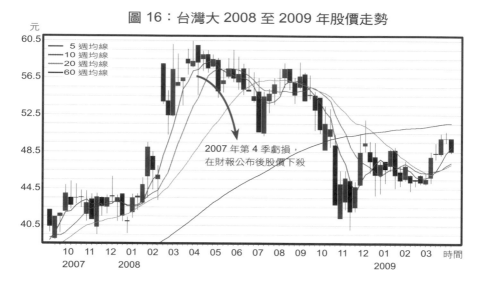

還好隨後的獲利表現回穩，每季的每股稅後盈
餘都有 1 元以上的高標表現（見表 15），讓股價也
隨著水漲船高，成為中華電外，台股裡的另一支價
值投資長青樹。

表 15：台灣大 2009 至 2011 年損益表

單位：百萬

年季	2009 2Q	2009 3Q	2009 4Q	2010 1Q	2010 2Q	2010 3Q	2010 4Q	2011 1Q
營業收入淨額	14,209	14,523	14,103	14,237	14,562	14,764	14,984	15,253
營業成本	6,709	6,891	6,711	7,413	7,827	8,476	9,093	9,602
營業毛利	7,499	7,631	7,391	6,825	6,735	6,288	5,891	5,651
營業費用	3,291	3,422	3,235	3,098	2,898	2,981	3,061	2,973
營業利益	4,208	4,209	4,156	3,727	3,836	3,307	2,830	2,678
營業外收入	884	1,137	986	974	1,057	1,159	1,276	1,210
稅前純益	4,574	4,770	4,637	4,328	4,061	4,193	3,816	3,721
所得稅	968	1,259	1,120	709	685	552	630	432
稅後純益	3,606	3,512	3,517	3,619	3,376	3,641	3,187	3,289
每股稅後盈餘（元）	1.21	1.18	1.18	1.21	1.13	1.22	1.07	1.10

圖 17：台灣大 2008 至 2011 年股價走勢

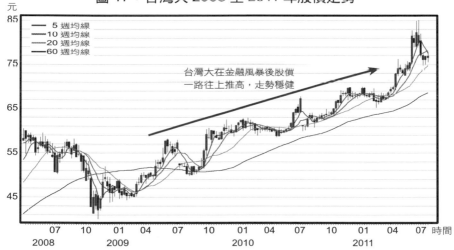

台灣大在金融風暴後股價
一路往上推高，走勢穩健

表 16：聯電損益表

單位：百萬

年季	2006 4Q	2007 1Q	2007 2Q	2007 3Q	2007 4Q	2008 1Q	2008 2Q	2008 3Q
營業收入淨額	26,112	23,025	25,097	31,029	27,621	24,003	25,238	24,748
營業成本	20,624	19,369	20,129	22,795	21,992	20,446	19,429	20,375
營業毛利	5,488	3,656	4,968	8,233	5,628	3,557	5,809	4,372
營業費用	4,081	3,658	3,732	3,988	4,323	3,386	3,455	3,420
營業利益	1,373	19	1,225	4,235	1,326	190	2,340	947
本業收入 (%)	16.9	0.7	24.9	35.2	38.2	13.8	72.5	26.2
營業外收入	6,425	2,854	3,699	7,793	2,147	1,185	887	2,670
業外收入 (%)	83.1	99.3	75.1	64.8	61.8	86.2	27.5	73.8
稅前純益	6,660	1,737	5,407	9,999	2,423	261	2,461	-1,158
所得稅	971	279	496	766	1,064	55	64	256
稅後純益	5,689	1,459	4,911	9,233	1,359	206	2,397	-1,414
每股稅後盈餘（元）	0.3	0.11	0.37	0.7	0.1	0.02	0.18	-0.1

　　聯電是全台灣股東數最多的一檔股票，許多小股東被長年套牢卻又說不出到底有什麼問題。我們翻開他的損益表（見表 16），不禁皺眉。

　　其「業外收入」所占比重逐年提高，而「業內收入」疲軟不振。每年第 3 季常看到巨額「業外支出」，對照龐大的股本卻缺乏獲利成長動力，也難怪股價長期積弱不振、每況愈下。

圖 18：聯電近 12 年股價走勢

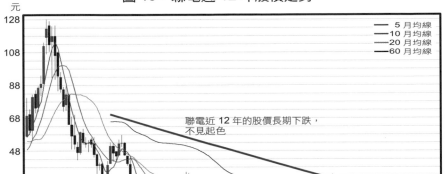

聯電近 12 年的股價長期下跌，
不見起色

口木說法

1. 仔細檢視損益表中的營業收入、成本、費用、毛利等細項，並分析其各項數據長期趨勢，則容易了解企業損益狀況及營運問題何在。而長期股價終將反應損益表上損益能力之趨勢方向。

2. 注意損益表上的業外收入及支出造成整體損益的影響。若不定期出現業外支出則會造成非預期性的虧損；若業外收入占整體收入比重過高，則表示獲利品質不佳，無法預期的獲利太多，就不適合將這類個股當成「定存概念股」來投資。

3. 練習結合損益表的數據變化，以及技術線圖長期走勢，將更容易掌握個股長線走勢，並可互補技術分析與財務分析之盲點與不足。

實用財務分析6

獲利能力

　　經過前五堂口木財務教室的「洗禮」，相信新手也對基本分析開始有點 Fu 了吧！接著我將從技術線型的角度切入，再以財務數據印證，這樣學起來會更有味道。

圖 19：南亞 2007 至 2008 年股價走勢

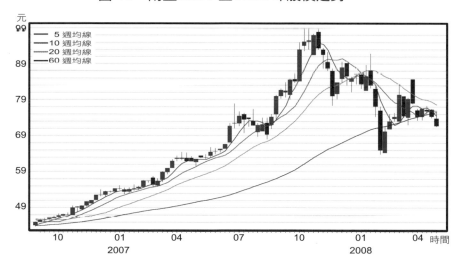

　　圖 19 是台塑四寶之一的南亞在 2007 到 2008
年的走勢圖。這圖交給技術狂人，不必五秒鐘就可
以斷出命盤：「破線、做頭，多轉空……」

　　但基本教義派卻得堅持道：「要從獲利找證
據……」

圖 20：南亞的毛利率與營利率

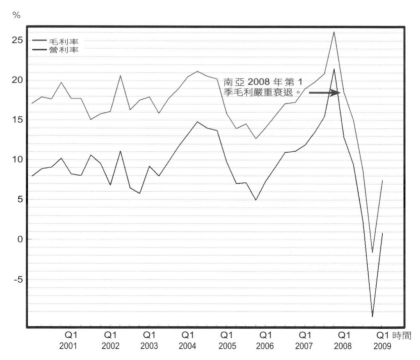

表 17：2007 至 2008 年，南亞營利率及毛利率逐季下滑

單位：%

年季	2007 1Q	2007 2Q	2007 3Q	2007 4Q	2008 1Q	2008 2Q	2008 3Q	2008 4Q
毛利率	18.98	19.8	20.87	26.18	18.52	15	8.67	-1.59
營利率	11.87	13.49	15.46	21.51	12.83	9.39	2.28	-9.64
稅前純益率	27.4	23.36	36.45	29.21	14.15	17.1	11.72	-50.93
稅後純益率	24.46	22.01	33.43	22.79	13.24	16.86	11.54	-48.4

從圖 20 可以看到，南亞在 2008 年第一季的毛利率嚴重衰退。

雖然我們知道第 4 季是該產業的營收旺季，而第 1 季是營收淡季；但會計是個「除法的科學」，這邊講的不只是「營收」，而是以「純益 ÷ 營業額」的營利率結果。

簡單打個比方，阿旺叔如果賣一箱橘子，可以賺 20％，那他上個月賣 20 萬元的橘子，就有 4 萬元的收益。這個月橘子大豐收努力衝到了 30 萬元的業績，結果大盤商橘子跌價，抽成只剩 10％，這麼一來，阿旺叔的收入不增反跌，從原本期待的 6 萬元，瞬間降為 3 萬元，獲利跟著腰斬囉！

股市上市櫃公司的財報其實有類似的情況。一

般來說，每月 10 日以前會公布前一月的月報，就
知道前一月的營收金額。投顧名嘴常會配合灌水的
營收數據，向觀眾及會員叫進某幾檔股票，待炒
高行情完成出貨後，等季報公布時才發現「毛利
率」、「營利率」突然下修，每股獲利跟著遭殃，股
價遂隨之大幅修正！

圖 21：南亞 2007 至 2009 年股價走勢

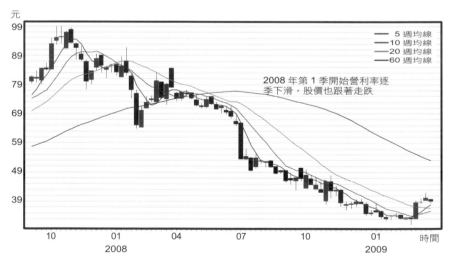

表 18：南亞月營收表

單位：百萬

年 月	單月 營收	去年單月 營收	單月營收年 成長 (%)	累計營收	累計營收成 長 (%)
2007/10	21,823	14,584	49.63	183,102	22.39
2007/11	22,579	16,036	40.8	205,681	24.17
2007/12	23,019	16,010	43.78	228,700	25.9
2008/01	21,560	15,645	37.81	21,560	37.81
2008/02	19,122	12,878	48.48	40,683	42.63
2008/03	20,882	17,001	22.83	61,564	35.23
2008/04	20,137	16,641	21.01	81,701	31.43
2008/05	20,784	19,139	8.59	102,485	26.05
2008/06	22,493	18,094	24.31	124,978	25.73
2008/07	19,212	20,112	-4.48	144,190	20.65
2008/08	17,099	20,576	-16.9	161,289	15.13
2008/09	15,542	21,193	-26.67	176,830	9.64
2008/10	12,669	21,823	-41.95	189,499	3.49

　　由此可知，財報公布前常出現莫名其妙的殺盤，自有其道理。而多數投資人只看營收數據，甚少關注獲利能力指標，吃虧上當在所難免。

　　從本文舉出的例子可發現，當個股營利率逐季下滑時，股價通常會啟動一段跌勢。

　　表 18 可以看到南亞塑膠 2008 年第 1 季營收表現仍佳，但第 2 季起營收季增率縮減，第 3 季開始

步入衰退。

　　由此例可知，雖然財報是落後指標，但在崩盤
行情發生前即透露出端倪，若懂得看獲利指標數
據，仍可及早在高點出場而減少損失。

　　再舉聯發科這檔個股說明，2007 到 2008 年的
營利率不斷下滑。（見表 19）

　　對照時間，下滑的營利率表現在股價上，呈現
十足正相關！（見圖 22）

　　望著空頭走勢一路而來，基本面的變化的確沒
有冤枉了股價啊！

表 19：聯發科營利率表

單位：%

年季	2007 1Q	2007 2Q	2007 3Q	2007 4Q	2008 1Q	2008 2Q	2008 3Q	2008 4Q
毛利率	57.25	56.15	57.51	54.71	52.92	54.95	55.09	53.58
營業利益率	43.26	42.22	46.85	34.19	28.1	28.44	27.01	22.6
稅前純益率	52.3	46.32	49.67	37.81	28.02	37.09	36.23	19.54
稅後純益率	52.58	43.03	48.5	35.48	26.45	30.8	34.4	18.76

圖 22：聯發科 2007 至 2008 年股價走勢

口木說法

1. 盯緊獲利能力指標、檢視技術線型，當股價創新高但營利率或毛利率反而下跌，很可能是崩盤前兆。

2. 勿迷信「營收成長」或「營收下降而單季毛利率拉高」的神話。營收與獲利不成正比時，很可能是公司派虛灌業績炒作股價的把戲。

3. 看到大幅衰退的獲利表現，應勇敢砍出持股，才能躲過主跌段！

Part 3
進場前還需要注意的事

飆股火宅

　　經云:「三界之中,猶如火宅,人以之為樂,
佛不忍其苦……」

　　有個藏滿黃金白銀鑽石的房子,突然起了大
火。路人阿勇經過,眼看沒人敢進去,心一橫就跑
進去抱了一堆黃金,心想:「我只要拿一點點就離
開。」

　　剛出門口,他仰望火勢還只在高樓層,於是他
折回二樓,再多抱了一袋白銀。正準備踏出大門,
還來不及吹噓剛才的英勇事蹟,一回頭竟發現愈來
愈多人跑進火場,而且個個都抱著更多的金銀財寶
出來。

　　仰望天空,飄起了雨絲,火勢雖大,但延燒的
速度不如預期的猛烈;四樓有人向下喊:「喂,這
一層的金子多得不得了,快點進來吧!」

　　阿勇心想:「不拿白不拿,只要再拿一袋,
喔!不!兩袋黃金,一輩子就不愁吃穿了!」

　　於是,他以跑百米的速度第三度進了火場,爬

到四樓，他嚇呆了！原來很多同行奪寶的人竟然在大廳裡坐下來開 party。服務生送上了雞尾酒：「晚安！您慢慢喝，我先服務下一個客人。」一位太太對他笑了笑：「我剛聽大樓管理員說，火勢很快就會停了，我們多的是時間慢慢挑、慢慢拿，金子實在是太多了，搬到明年都搬不完……」

阿勇不知該相信淡淡的煙味還是悠揚的音樂聲，他突然想起兒子還在家裡等著他，於是選定了兩包金子，快步下樓離開。

出了火場之後，他猛一抬頭，頂樓開始有人跳樓了，更可怕的是，四樓的音樂聲震天作響，跳舞的人卻沒有減少。消防隊準備封鎖現場，竟與大排長龍準備衝進火場的民眾大動干戈：「你不要攔住我們！一定是你們自己要拿財寶對吧！大家一起上！衝破防線……一、二、三……」

阿勇看了看自己手上的數袋財寶，竟然有再往內衝的慾望，然而四樓的玻璃突然被裡面的人拿椅子打破，一堆人貼在窗口驚恐哭喊著，方才喝著雞尾酒的太太不停揮動她的雙手，似乎連呼吸都非常困難。阿勇這才了解自己剛剛的行為多麼魯莽，一

時的貪念差點讓家裡的小勇沒了爸爸。

　　火災逐漸被控制住，裡面的鑽石在高溫下化為二氧化碳，黃金白銀熔化滿地，現在來了大批記者，用誇張的言詞描述災情之慘重，且不忘將新聞焦點擺在神祕的金銀財寶。而驚魂甫定的阿勇轉身離去，流下了兩行男子淚，只不停著反覆念著佛號……。

口木說法

　　股海如火海，只有在火勢不可控制前逃離火場的人，才是真正的贏家。

認識主跌段

　　股市操作的過程，總是有時賺有時賠，但在離開股市的那一刻，多數人卻是傷心地以賠錢收場。

　　若問一句：「投資者終究會賠錢的原因是什麼？」個人以為，最簡單有力的回答，就是因為：**「他不認識主跌段！」**

　　到底什麼是「主跌段」？

　　主跌段，正是波浪理論中相對於「主升段」的主要空頭趨勢行情。對照圖23，主跌段就是空頭波浪裡的第三波。一旦進入空頭跌勢，經過第一波的初跌段及第二波的反彈修正，接下來就是可怕的第三波「主跌段」。

　　奇怪的是，在主跌段進行當中，人們總是無法從消息面意識到趨勢正在往下發展，反而容易在過去股價不斷上漲的慣性心理及眼前出現帳面損失的不甘心情緒下，賭氣地想要逢低加碼、攤平，因此愈套愈深不可自拔！

圖 23：艾略特波浪理論圖解

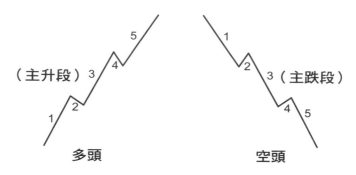

（主升段） （主跌段）

多頭　　　　　　　　空頭

　　就拿宏碁這檔堅持品牌取勝的電腦藍籌股來
說，在金融風暴後很快地重新進入多頭軌道，讓投
資者個個點頭稱是：

　　「信仰 Acer 得永生！真是永遠漲不停的好股
票！」

　　但在 2011 年初卻悄悄有所變化……

　　在跌勢之初，價值投資信仰者可能一派輕鬆地
說：「安啦！只是回檔休息啦！拉回正是加碼的大
好機會哩……」

　　直到跌勢見回不回，近百元的股價一路腰斬再
腰斬，價值投資者也只好乖乖閉嘴，望著滿手套牢
的持股，回頭反省自己到底哪裡看走了眼。

圖 24：宏碁股價走勢

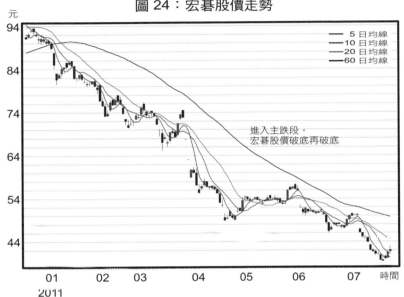

沒錯！這種驚心動魄的殺盤過程，就是「主跌段」！

主跌段，會有什麼特色？我們分別從技術面、基本面和消息面來分析。

1. 技術面

技術面可以參考均線理論：在主跌段出現前幾乎都會出現月線與季線死亡交叉的前兆（月線跌破

季線、短天期均線跌破長天期均線），在主跌段發
生之後，會看到連續的下跌、無力的反彈，一路上
K線被所有均線壓著往下打，幾乎沒有好的出貨機
會。於是反彈就是賣點，殺低絕對不是買點！

　　簡而言之，在主跌段中沒有任何的買點，只有
愈早逃愈好的賣點！

2. 基本面

　　基本面會出現兩個極端：一個是殺盤前發表的
亮麗財報，隨之而來的卻是主力出完貨後打回原形
的爛財報，除非能掌握財報的矛盾之處，才能事先
看穿主力的計謀而同步出貨，避免受傷。

3. 消息面

　　從消息面來看，幾乎就是密集的利多以及豐富
的炒作題材，或由外資投信拉升評等叫進，正好可
在高點掩護主力出貨。

　　在主跌段的過程中，常有許多名嘴分析師不斷
為個股叫屈、喊進，讓你一再錯失停損的機會。隨

後你會被殺得暈頭轉向、不知所措。當有人高喊著:「隨時買、隨便買、不要賣」這九個字加乘的威力,就是讓你紮紮實實地吃到完整的主跌段!

根據我的觀察,初入股市的散戶,九成以上都死在這一段,先前賺的小錢,全部倒貼賠回去的也是這一段。「往下加碼、攤平加碼、加碼再攤」,這三個散戶大絕招也通通在這一段施展開來而加重了傷勢。

口木苦口婆心說了這麼多,最後還是只能好聲好氣地請大家看清楚主跌段長什麼模樣:只要避開這個大魔頭,從此操股之路長保平安。

根據木草綱目紀載:台灣的散戶實在很喜歡參與主跌段行情——死抱活抱,就是等著體驗這麼一段大怒神之旅,如果你沒趕在主跌段出現前跟著大戶主力及早出貨,那麼只能體會紙上富貴落空、乃至於斷頭殺機纏身的悲劇了。

這才發現,江湖口訣應改成:
「若人不識主跌段,縱握飆股也枉然」!

口木座右銘

笨笨地存錢並不笨,存錢總比賠錢好。

圖 25：2008 至 2009 年台股走勢

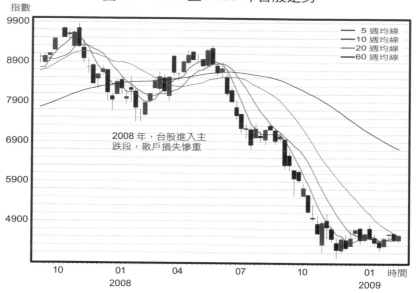

2008 年，台股進入主
跌段，散戶損失慘重

口木說法

主在你心中，你必須認識主。

即使你不認識主，卻不能不認識：

主‧跌‧段！

套牢 5%會失眠，10%就崩潰！

麻雀膽投資客懺情錄

在我學習理財的路上，曾遇過兩位老師。

第一位教我要勇敢、奔放、豪邁！

他說：「操作股票，沒什麼好怕的！紀律、專注、技術！做對就抱，做錯就砍！」

這語氣帥呆了！我心理發誓：「是真男人，就只學這一派功夫！」

我趕緊磕頭拜師！此後每個不眠的夜裡，我不停掃描上千檔個股線型，尋找「落底、發動、起漲、攻擊」的蛛絲馬跡。

隨著地球另一端華爾街錢潮漲落，我細心推敲美股漲跌如何影響台北股市開盤；枕戈待旦，只為抓住每一檔飆股的切入機會。

白天工作的空檔全神貫注盯盤，只怕錯過停損停利的點位稍縱即逝……如此瘋狂的投入，付出的代價卻是：開車開到快睡著、看診看到語無倫次。

口木醫師：「阿婆，你最近飯大得出來？大便吃得下嗎？」

阿婆：「么壽喔！醫師，你怎麼那麼沒衛生？」

（其實我是要問：「阿婆，你最近飯吃得下？大便大得出來嗎？」）

這才驚覺金融操作已嚴重影響臨床服務及生活品質！再這樣操勞下去，錢還沒賺到，我看肝會先爆、心要早衰。

所幸，天無絕人之路，我生命中第二個老師出現了！

他說：「價值投資才是王道！當股價低於內在價值，要勇敢買進！只有在股價高於內在價值時才賣出。不要害怕一時的套牢，那是獲利的必經過程啊！」

雖然這 Slogan 不是很 Man，但夠簡單，一聽就懂！

買股票不必在乎股價，也不必看技術線型，只要盯緊企業獲利能力與財務品質，就可以長線獲利！這實在太適合我了。

此後每個值班夜裡，電腦螢幕不再播放技術線型，而是閃過一家家公司的財務報表及產業動態，在真真假假的訊息中，我試圖尋找值得信賴的「價值投資聖盃」。

「××電轉型投入太陽能產業，前景看俏，至少旺五年！」

Bingo！這鐵定是聖盃！有轉機題材，財務報表又漂亮。低也買、高也買，買到沒錢買，梭哈也只是剛好而已，價值投資真簡單！

盤中突然賣壓湧現，噹……綠燈亮起！我的臉比黑 K 棒還要黑……

「停損吧！」心中的小惡魔呼喚著……

可惜我不是一個好學生，價值投資的教條雖經耳提面命仍敵不過心魔的蠱惑。過去早已習慣停損當吃飯的操作手法，每當我的持股出現帳面虧損，就坐立不安食不下嚥。

「鐵下心來，不停損！這次我決定不停損！」

一躺到床上，「停損小惡魔」與「價值小天使」不停在我頭上盤旋爭論，我說服自己：明天太

陽升起來，市場自然還給好股票一個公道！伴著價值投資小天使的聖潔光輝⋯⋯這才勉強入睡。

原本跟自己說好不看盤了，中午還是忍不住打開股市首頁。怪怪！怎麼又是一根跌停鎖死？看到帳面虧損 14%，等於半個月的薪水飛了，淚水快飆出來，媽媽咪呀！什麼小天使？再這樣下去，我的資金很快就蒙主寵召了。

掛出停損單，埋沒在數 10 萬張同樣無奈的跌停賣單裡面，毫無動靜的行情恰似停止搏動的心電圖。這晚，我失眠了！想到隔天可能又是一根跌停板，腦中除了悔恨，又是不甘心與挫折。爬到電腦前，顫抖著手按下了「確定」，送上出清持股的市價單。

開盤後 10 分鐘，大單湧入，瞬間消化了所有賣單。五味雜陳的心情，一邊慶幸著拿回 8 成的資金，卻又害怕殺在最低點。果不其然，利空出盡後，午盤發布轉機利多，股價應聲大漲，我臉上寫滿 Orz 的表情，哭笑不得。

價值投資之路，怎一個「苦」字了得？

撇開短線行情起落，事後證明，該次停損讓我避開了主跌段行情，也算不幸中的大幸。痛定思痛，檢討自己的操作，原來價值選股並沒有想像中的容易，我忽略了若干財務陷阱、資訊時差，最後的下場就是隨著消息面追高殺低，虧損可說是必然的苦果。

凱恩斯的名言：「長期而言，我們都死了。」

如果投資者不能處理短期的巨額虧損，就無法期待遙遙無期的長線獲利，因為在那之前，自己的生活就會被虧損給「處理」掉。走過勇者無懼的年少歲月，我漸漸了解，與其追求天邊的月亮，不如及時欣賞眼前美麗的花朵。

有人說，投資要抱長線，有耐心的人才能等到獲利！話說得沒錯，可惜現在我的膽子跟麻雀一樣小，實在是耐不住風險與波動。

初學股票時我喜好操作直上直下的主力飆股，近年來逐漸換成穩定配息的牛皮股、ETF（指數型基金）。2008 年大選後出清持股，我轉而研究低風

險固定收益工具；不論是台幣定存、外幣定存、儲
蓄險、債券、不動產，箇中巧妙別有洞天，一頭栽
入欲罷不能。

即便這半年來我沒能在股市多頭裡大撈一票，
但隨著本業收入穩定增加，我了解自己追求的不再
是暴起暴落的紙上富貴，而是讓我不再輾轉反側的
一份踏實安全感啊！

如果你跟口木一樣，套牢5％會失眠、虧損
10％會崩潰，不如換個心情，不一定堅持在股市裡
搏人生的輸贏。

在大起大落的行情之外，其實還有許多美麗的
風景留待發掘哩！

以股價看股性*

「為什麼我手上的股票跌個不停？怎麼辦？」

股市投資者最怕的就是踩到地雷股！其實想避開地雷股並不難，而股價本身就是非常值得參考的指標。不同價位的股票都有特性，我將股票依股價區分為下列六大類：

表 20：六大類股價族群

股價族群	股價範圍	股性	代表股	2011/07/01 股價
雞蛋水餃股	0~10 元	股價波動大，易藏地雷股	力晶	3.58 元
低價股	10~20 元	獲利能力不佳之個股，常見長底整理格局	聯電	14.25 元
中價股	20~50 元	獲利能力尚可，波動較小	合庫	23.4 元
中高價股	50~100 元	獲利能力佳之個股，股價相對穩定	台灣大	77.1 元
高價股	100~500 元	獲利預期成長個股，股價想像空間大	聯發科	313.5 元
股王股后	>500 元	股本較小之高度成長股，股價波動大	大立光	977 元

*本文首先發表於 Smart 智富月刊第 148 期

一、雞蛋水餃股

一顆雞蛋、一粒水餃過去只要 3 至 5 塊錢，所以股價個位數的超低價股常被稱做「雞蛋水餃股」；當我初入股海，受限於資金，只能選擇雞蛋水餃股，期間雖曾獲取不錯的績效，卻也親身體驗過無量下跌的可怕套牢。

股票在剛發行時面值定價為 10 元，隨著開放市場交易日久，股價竟然跌破面值來到個位數，就代表該公司的財務狀況或經營能力可能出了問題。

以雞蛋水餃股代表「力晶」來說，DRAM 產業長期不振，加上財務欠佳，近年來無數套牢股東欲哭無淚。雖然雞蛋水餃股通常潛藏著「信用風險」，但若遇到轉機或有一飛衝天的可能，然而「便宜沒好貨」仍然是這類股票的心酸寫照。總之「雞蛋水餃股」裡面並不常見值得長期持有的好股票，選股上應儘量避開！

二、低價股

股價在 10 幾元的低價股，算起來 1 張約 1 萬多元，上班族存半個月的薪水就買得起。低價股依

股本大小可分為兩類：

1. 大股本的「僵屍股」：這類股票長期增資配股，再加上缺乏成長性，而此股價積弱不振，代表性個股就是股東近百萬的聯電。

2. 財務不佳或獲利較差的中小型股：其股價在低檔區徘徊整理，直到出現利多題材才有機會展開另一波行情。

三、中價股

　　中價股的股價在 20 至 50 元之間，是個人以為較適合投資的價位區間。中價股的股價是 10 元面值的 2 到 5 倍，由此可見具有一定的價值及獲利能力來支撐股價。以合庫這檔公營金控股來說，股價即長期維持在 20 到 50 元間，雖然股本龐大，仍能保持穩定的股東報酬，這種股票與中鋼等中價股都常被列入適合退休股長期持有的「定存概念股」候選名單。

四、中高價股

　　這類股票的股價在 50 到 100 元之間，獲利能

口木座右銘

只要有錢，隨時都可以買股票；若只有股票，不見得隨時可以換錢回來。

力通常都不錯。以電信三雄之一的台灣大來說，近年來股價扶搖直上，近期高點曾見到 85 元。可惜買一張中高價股票動輒需要 5 到 10 萬現金，等於一般上班族 2 到 3 個月的全薪所得，實非小老百姓能輕易投資的價位。口木長期倡導「零股投資」，就是希望能透過「化整為零」的技巧，方便打破優質股票的價格屏障，讓小散戶花小錢就能投資在本質較優的中高價股票，得以避開雞蛋水餃地雷股的風險性投資。

五、高價股

三位數以上的股價開始令人有「高處不勝寒」的愁悵，以聯發科來說，股價長期在 200 到 500 元之間振盪，維持高檔的獲利能力支撐著高股價，亦印證其公司價值。

還有另一種股本小、本益比高的高價股，經過主力炒作特定題材後，雖然股價節節升高，但這樣的公司爾後若無法維持獲利水準，高股價終究只是曇花一現。故投資高價股需注意個股是否有相對應的成長性與價值基礎，以免誤上賊船而遭受損失。

六、股王股后

媒體經常喜歡以「股王競賽」下標，正是用股價高低賣弄文章以吸引投資者注意。以近年來漲勢兇猛的大立光為例，股價由兩年前的 200 多元一路上漲到破千元成為股王，背後反應的就是亮麗的營收獲利成長。但其長線波動不小，若心臟不強、本錢不粗，老本全押在這類股票上實在不容易天天好眠。

回顧台股各時期的「股王」：國壽、台火、威盛、台積電、聯電、華碩……，歷經時間考驗，股價多半回到中價股甚至淪為「雞蛋水餃股」，由此可見股王風采無法永存，高手們追逐於股價巔峰時，千萬別忘了高價股的「價格風險」，見苗頭不對要記得「見好就收」，以免「一買成主顧、套牢變股東」。

做股票要有愛心，別人擠破頭搶著買，那行行好高價賣給他吧。

口木說法

1. 股價是市場供需所形成的平衡結果，價位本身即透露出股票的諸多訊息。超低價的背後通常有不足為外人道的負面理由；長期維持高價的股票亦有其本質上的優勢。

2. 透過零股投資可打破價格障礙，讓資金缺乏的散戶也能參與中高價位優質股票投資，而不再囿限於低價爛股的無奈選擇之中。

3. 我們無法只以股價高低決定一檔股票的價值，在投資股票之前應檢視股價的波動變化、配合個股訊息及財務分析，則容易掌握股票的特性，進一步提高選股致勝的機率。

判別多頭與空頭*

　　股市裡以「牛」和「熊」兩種動物分別代表「多頭」與「空頭」：因為牛角上仰，因此「牛市」代表往上漲升的「多頭」市場；而熊掌向下，所以「熊市」代表往下跌落的「空頭」市場。

　　股市獲利的原則非常簡單：就是在「多頭市場」抱股做多，而在「空頭市場」就該做空或保持空手。但奇怪的是，道理人人懂，卻賺錢的少、賠錢的多，到底問題出在哪？

　　原來，多數人從來沒學過到底要如何判別「多頭」與「空頭」！

　　其實用技術線圖就可以明確定義出「多頭」與「空頭」的差異。以下以圖解說明：

1. 多頭

　　定義：高過前高，低不破前低。

＊本文首先發表於 Smart 智富月刊第 155 期

圖 26：多頭示意圖

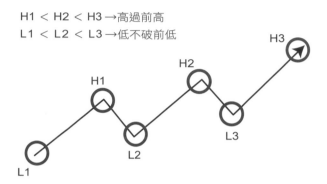

H1 < H2 < H3 →高過前高
L1 < L2 < L3 →低不破前低

圖 26 的多頭示意圖裡，L1、L2、L3 分別代表
三個波浪中的波段低點，而 H1、H2、H3 則代表波
浪中的波段高點。我們可以看到第二波的高點 H2
比前波高點 H1 還高，而第三波的高點 H3 比前波高
點 H2 還要更高，符合「高過前高」的第一定義。

另一方面，第二波的低點 L2 高過前波低點
L1，第三波的低點 L3 比前波低點 L2 還要更高，符
合「低不破前低」的第二定義。因為技術線型符合
多頭定義，據此可判定維持多頭走勢，繼續抱股做
多合理。

　　只看文字可能會無法理解定義，就讓我以圖例
進一步說明：

　　圖 27 是數度成為台股股王的「宏達電」在
2011 年上半年的走勢，可見每個波段高點皆突破
前波高點（H4>H3>H2>H1），且每個波段低點皆不
低於前波低點（L4>L3>L2>L1），因此 1 至 4 月都
在多頭走勢中，股價由 900 元一路攻至 1,300 元最

圖 27：宏達電 2011 年上半年股價走勢

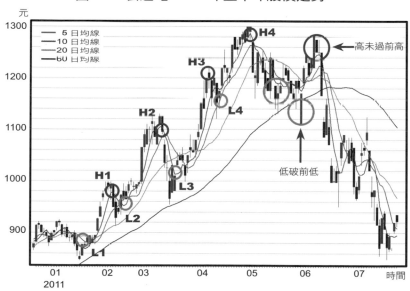

高價。在多頭漲勢中，只要抱緊持股就可以感受股價推升的獲利成績囉！可惜在五月底盤中股價跌破前波低點，後勢未見突破前波高點，依定義乃陷入「趨勢疑慮」，果然後續展開一段跌勢，陷入整理盤局。

2. 空頭

定義：「低破前低，高不過前高」

圖 28 的價格走勢中，第二波的低點 L2 比前波低點 L1 還低，而第三波的低點 L3 比前波低點 L2 還要更低，符合「低破前低」的第一定義。而第二

圖 28：空頭示意圖

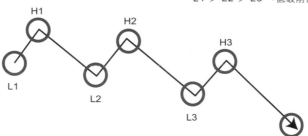

H1 > H2 > H3 →高不過前高
L1 > L2 > L3 →低破前低

波的高點 H2 比前波高點 H1 還低，第三波的高點
H3 又低於前波高點 H2，符合「高不過前高」的第
二定義。技術線型符合兩個空頭定義，據此可判定
空頭走勢成立，應反手放空或賣出持股觀望。

　　舉一個近期實例輔助說明：
　　圖 29 乃宏碁在 2011 年的走勢，可見該股由近

圖 29：宏碁 2011 年上半年的空頭走勢

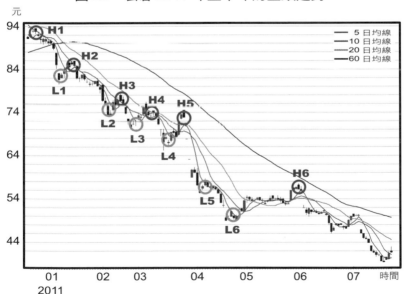

百元的高點直洩而下，一路低破前低、高不過前高，完全符合空頭定義，落底後仍未見高過前高的多頭訊號。待公司公告認列庫存虧損及獲利衰退財報時，股價已見腰斬，處於資訊落後劣勢的投資人只能捶心肝空嘆息啦！

　　由實例可證，技術分析具有領先市場動向的特性，投資人學會了多空判斷法則，就可以在空頭趨勢中及早停損賣出持股以避免損失，亦可在多頭形成過程提早進場布局以免後續追高。

　　技術分析的內容包羅萬象，然最初的根本不離「多、空」二元，各位讀者學會了判定「多頭」與「空頭」的心法之後，不妨打開看線軟體多多玩味線型所透露給你的訊息，對於往後學習進階技術分析必有助益，未來將更容易掌握股票多空買賣進出點位，且大幅提升操作勝率並避免做錯方向帶來的嚴重損失。

口木說法

1. 以簡單的波段價位之高、低、過、破關係即可明確定義出多頭與空頭走勢，並且在多頭中做多、空頭中做空或清空持股。

2. 一旦多、空定義出現混淆錯亂，代表趨勢出現變化，稱做趨勢的疑慮或趨勢的敗筆。操作上可清空部位獲利了結或停損做收，待新的趨勢方向建立後再伺機出手建倉。

3. 此多空判定簡單法則可應用在大盤指數或個股走勢，在複雜的線型波浪中可提供最根本而明確的進出判斷依據。

破解新聞標題

當我是股市新手的時候，老手告訴我：「不要看新聞。」

當我不再是新手的時候，老手又教我了：「要學會看新聞。」

到底要如何看懂新聞？就讓口木扮演口譯者，帶你破解聳動新聞標題，把功力直接灌給各位讀者吧！

句型 1：全球前 × 大

例句：我發誓要在 5 年內讓公司打進 ×× 產業全球第 × 大。

解析：有夢最美，希望相隨……只怕你這個牛皮吹成世界第一大。

句型 2：急單

例句：某科技公司接獲美國第 × 大公司「急單」，預計下半年產能將滿載！

解析：真有這麼急哇！我看是你比較急著告訴我這
　　　個消息吧！

句型 3：發酵

例句：某某題材發酵，逐漸獲得市場認同，股價隨
　　　之大漲鎖住漲停……

解析：養樂多記得趁新鮮喝，不然酵母菌會酸掉。

句型 4：低於預期

例句：公司本月營收低於預期，法人失望。

解析：花那麼多錢養這群研究員，結果老是猜錯，
　　　該打。

句型 5：超乎想像

例句：歐洲經濟成長數據超乎想像，股市受激勵反
　　　彈……

解析：我就說嘛，不是低於預期就是超乎想像，沒
　　　一次看得準的。

股票不會因為賦予題材、概念而增加其長線投資價值。

句型 6：股王

例句：今日股王 A 重挫，股后 B 僅小跌，恭喜 B
　　　榮登股王！

解析：又不是小學生比賽選班長，有什麼好興奮
　　　的？

句型 7：比價效應

例句：A 股價 80 元，B 股價 20 元，B 比 A 還多賺
　　　2 倍，引發市場比價效應，B 的合理股價應
　　　該是 160 元。

解析：難怪數學大師牛頓和補教天王沈赫哲做股票
　　　竟然都會賠錢。

句型 8：現在不買，更待何時？

例句：×× 電目前本益比只有 7 倍，殖利率高達
　　　14%，現在不買，更待何時？

解析：拜託你趕快自己去買，我會記得幫你禱告。

句型 9：委屈

例句：×× 公司董事長高分貝為股價叫屈，認為合

理股價應該要……

解析：別裝了，還不都是你在殺股票！

句型 10：富爸爸

例句：傳言富爸爸將入主，×× 早盤鎖漲停

解析：都幾歲了，還以為到處認爹就可以搶救搖搖
　　　欲墜的股價。

句型 11：大幅成長

例句：本公司 4 月營收比去年同期大幅成長 65％。

解析：還不都是你去年業績太差……

句型 12：巨幅衰退

例句：剛發布的財報顯示，公司獲利比去年同期巨
　　　幅衰退 30％。

解析：不然你以為這個月以來股價腰斬是在反應什
　　　麼？

句型 13：私募

例句：市場傳出 ×× 已遭私募基金鎖定。

解析：怎麼連公司要賣給誰都難以啟齒？

句型 14：澄清

例句：×× 董事長跳出來澄清，公司運作良好，財
報錯誤只是電腦錯帳！

解析：還想賴給電腦哩！我看跳到黃河都洗不清
啦……

句型 15：概念股

例句：早盤 ×× 概念股因漲多拉回，多檔跌停。

解析：為了討喜氣，概念股應該改稱為「福袋」比
較貼切。

句型 16：連累

例句：受歐債問題拖累，台股開盤大跌 469 點。

解析：有那麼嚴重嗎？難道隔壁村大嬸生孩子你也
會跟著陣痛？

句型 17：狂買

例句：外資狂買 2 萬張，股價瞬間拉上漲停。

解析：忘了告訴你，過陣子外資就要轉手狂賣。

千萬別迷信股市高手的預測，如果真的這麼準，早跑去借錢梭哈了。

句型 18：調升評等

例句：法人看好產業前景，×× 的股價表現將優於大盤，調升評等為買進。

解析：記得查一下他自己這兩天賣超多少。

句型 19：調降評等

例句：十大法人一致看壞公司前景，調降 ×× 至強力賣出。

解析：奇怪，公司派怎麼反而出手大買特買？

句型 20：目標價

例句：某外資看好 ×× 電未來 5 年持續大幅成長，上修目標價至 2,000 元。

解析：偷偷告訴你，2,000 元是喊給沒經驗的新手聽的，記得要早點跳車啊！

句型 21：專家

例句：專家表示，大盤目前長線保護短線，然而量

能不足,若無法補量上攻,恐陷入盤整或續
跌。

解析:所有的可能性都被你講完了,不然還能怎
樣?

句型 22:意外

例句:在美股連日創新高之下,今日台股卻意外跳
空開低。

解析:如果做股票可以保意外險的話,投資人個個
早都成了「意外富翁」。

口木說法

1. 在業配當道的時代,新聞充其量只有
娛樂價值而不可盡信。

2. 新聞標題正著看不如反著看,若懂得
破解之道,常會有意外收獲。

3. 真要賺錢,還是得靠自己學好技術及
基本分析才是王道。

阿塗伯決戰中環

（以下由真人真事改編）

阿塗伯是一位過去經營鐵工廠有成的歐吉桑，在民國 70 年代抓住台灣經濟起飛的熱潮，由一個黑手工人「白手起家」，成為當年台灣不少見的「田庄富翁」，經高人指點，他每存下一筆財富就會在台中尋購空地，落實傳統「有土斯有財」的置產觀念。隨著台灣產業變遷，阿塗伯的鐵工廠開始出現獲利衰退，附近居民環保意識高漲，工廠每天開門就有大批抗議空氣污染的民眾、記者、民代聚集喧鬧，搞得他心力交瘁。

禁不住朋友熱情的激約，阿塗伯決定結束台灣的工廠業務，集資前往對岸投資。

經過一番慘淡經營，如同許多台商一般，在缺乏人脈及法令不周全的現實環境下，這筆跨海投資終究以失敗收場。

回台之後，眼看兩個兒子成家立業，也到了退休的年紀，靠著過去掙下的積蓄以及地產的收租，

倒也可以無憂無慮地安享天年。

民國 88 年，台股行情起飛，原本恬淡的阿塗伯在銀髮族好友的慫恿下，加入股市撈金行列。戴上老花眼鏡，他認真地研究晚報上的行情與分析，試圖從手上每一筆寶貴的訊息中找到下一筆財富的蹤跡。

很快的，他在股市裡賺回前幾年在大陸投資失利的資金。然而，人兩腳、錢四腳，只有想辦法坐上噴射機，才可能追上財神爺的腳步，阿塗伯火速地辦好信用交易資格，成為每天沖、沖、沖的股市大亨。

他坐在專屬的 VIP 看盤室，感受著錢財快速從指尖流過的悸動。回憶起過往在鐵工廠裡流汗打拚的場景，在大陸燒錢看不到明天的無奈，安坐空調房間內沉思的阿塗伯，找回年輕時的自信與喜悅，將自己推向人生與事業的高峰！

2000 年 2 月，阿塗伯在回家的路上，從宣傳車上拿了兩根「2 號當選」的旗幟。他將旗子插在家門口，心想：「民調差這麼多，2 號穩上的啦！」於是他將鐵工廠的地皮賣出，籌備他邁向億萬富翁的

最後一桶金！

　　打開晚報，他注意到一則產業新聞：「中環業績大幅成長……」他想起前年過境香港的畫面，「中環」是香港的政治及商業中心，很多銀行，跨國金融機構及外國領事館都設在該地，雖然知道此中環非彼中環，倒也發出了會心一笑。

　　翻過報紙下一個版面，剛好有分析師對中環的技術線型提出見解：「長線保護短線，拉回就是買點，股價上看 275 元。」查一下當日收盤價，才160 出頭。再查看報載的本益比與預值獲利，阿塗伯深覺「中環」應該是一檔值得投資的好股票。他拍案叫絕：「Bingo！這次不可能輸的！」

　　隔天，阿塗伯展開押注「中環」的計畫。買了近一個月，股價沒什麼動靜，甚至在意外的總統大選結果後，中環的股價直直跌破 150 元。阿塗伯徹夜難眠，他隔天把股票全都出掉，算算也賠了兩百多萬。

　　沒想到，就在砍出股票的隔天，竟然出現奇蹟似的拉抬行情，阿塗伯狂敲自己的頭，懊悔著自己前日魯莽的決定。他連忙下單把股票追回，直到 4

口木座右銘

當你了解股市可以致富，那只是股市真相的 20%，沒跟你說的 80% 是股市如何吃人的悲慘故事。

月初，他看著中環來到 200 元的歷史天價，分析稿寫著：「任督二脈已打通，目標 300 元不是夢！」阿塗伯簡直作夢都會笑。算算，等到 300 元把這些股票都賣掉，賺的錢不知道可以讓後代子孫吃幾輩子呢？

然而，殘酷的行情卻悄悄發生，在 4 月中來到 213 元天價之後，從此就幾乎沒再見過股價的漲升。5 月，阿塗伯收到了第一封斷頭追繳令，他咒罵了幾句，補繳了維持金，隨之而來竟是連續的斷頭通知。眼看著手上的持股不斷虧損，他把名下的幾塊土地也賣掉，再度進場攤平！

號子裡看盤的人愈來愈少，電視新聞裡少了股市狂漲的歡樂畫面，只有國會天天打架及 24 小時開罵的談話節目。阿塗伯期待這一切能夠停止，只要他的中環能夠出現反彈，回到 200……喔不，180 元也好！

2000 年中以後，再也沒聽過一則好消息，八掌溪事件方歇，核四停建風暴持續擴大，12 月，中環的股價日日以跳空跌停向阿塗伯報到。意興闌珊的他，手上已沒有多餘的房地產可變賣。前些日子為

了要把祖厝賣掉而跟兒子大吵一架，媳婦說：「你這個沒用的老人，難道輸得還不夠慘嗎？」

阿塗伯看著最心愛的長子竟把臉撇向看不見的角落，他了解，一個老人傷透了所有人的心。那一天，打開電視又看到最新的失業率統計，有個流浪漢將整顆頭往餿水筒裡埋。阿塗伯一陣作嘔，腦海裡浮現哪天被兒子趕出家門，他是不是只能吃餿水過活？

他對營業員說：「全出了，有價就賣。」

營業員睜大了眼：「中環伯，你等了大半年，真的要現在出？」

阿塗伯用堅定的語氣說：「拜託你了，我總得拿回一些棺材木吧。」

營業員不敢多說些什麼。

歲末，在悲傷的國度裡，阿塗伯砍出近千張20幾元的中環，正式破滅了3年來的富貴夢。從此，號子裡沒再見過「中環伯」的身影。營業員深怕老人會想不開，頻頻打電話到老人家裡打聽，電話中傳來阿塗伯搬去南部跟二兒子同住的消息。

　　營業員這才鬆了一口氣，於是打開深鎖的阿塗伯 VIP 室，繼續開放給下一位客戶使用。

　　後記：2011 年，大多頭蟄伏多年後，萬點聲浪再度此起彼落。市場傳言阿塗伯自日本引進最新的原田氏「勝算百分百神準指標微電腦分析系統－Premium 版」，準備重返股市復仇，各位若在號子裡看到一位神采奕奕的老人，小心，阿塗伯就在你身邊！

Part 4
股票投資實戰

口木八法圖解

股海初心者常問:「到底要如何選到好股票、避開地雷股?」

大哉問!選股的確是門學問,為了方便初學者快速入門,口木特別依個人長期研究股票的心得,設了簡易的「選股流程圖」,名之為「口木八法」:

在圖30中,我選了8個選股條件,左邊4項列出消息面及籌碼面的重要變項,而右邊4項則列出基本面及財務報表上可觀察的變項。

使用方法

從「選擇標的」出發,先從左邊開始往下跑,若出現其中一項的答案為「是」,則列入「危險標的」。若一路順利往下跑到終點,則再從右邊的選項出發,直到完成通過左右邊總共8項關卡,即可將這檔股票列入「考慮投資標的」。

圖 30：口木選股流程圖

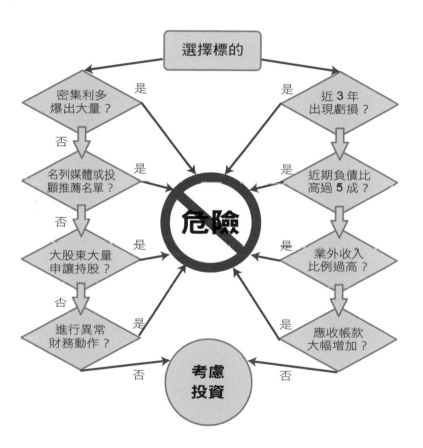

警語

列入危險個股者也不見得就不能投資，只是要多小心留意。反過來說，就算 8 項都通過，也不見得穩賺不賠。「口木八法」只提供做選股輔助，不能做為決斷工具。

以下逐項來說明：

1. 密集利多暴出大量？

當個股利多密集發表於報章媒體，同時出現成交量異常增加，再加上股價停滯乃至出現殺盤，則八成是主力藉機出貨的徵兆。

2. 名列媒體或投顧推薦名單？

當某公司董事長突然出現在雜誌封面或接受專訪暢談理念時，仔細觀察其股票常會帶來一波大量出貨行情，背後的原因不言可喻。而當個股列入某些素有「反指標」之稱的外資、投顧名嘴的推薦名單內，常常就是高點賣出訊號！

3. 大股東大量申讓持股？

大股東常為公司內線人士，除非是為了繳稅而進行的持股調節，否則當大股東異常申讓持股時，幾乎被視為股價的重大負面消息！

4. 進行異常財務動作？

異常財務動作包含以下各項：

(1)巨額不動產投資。

(2)巨額現金增資。

(3)投資與本業無關的公司。

(4)無益於提升競爭力的公司分割或合併。

(5)財務主管、會計公司或發言人異常變動。

(6)縮減股東權益之減資動作。

(7)巨額海外（大陸地區）投資案。

異常財務動作多半增加財務風險或減少財務透明度，為股價負面風向球。

5. 近 3 年出現虧損？

好的公司具有市占率或技術上的優勢，應維持獲利穩定不虧損，若 3 年內出現年度虧損的公司，

口木座右銘

要抱就抱好股票，爛股票連看都不看，更不會去買。

即應該排除在投資名單外。

6. 近期負債比高於 5 成？

　　除了金融業擁有常態性的高負債比，以及新興高成長產業需要仰賴高負債比來把握市場投資契機之外，其它產業應維持在 5 成以下負債比較健康。

7. 業外收入比例過高？

　　業外收入為非常態性收入，擁有穩定本業收入的個股，方為良好投資標的。

8. 應收帳款大幅增加？

　　應收帳款大幅增加潛藏未來入帳不順造成的財務風險。吾人應長期追踪個股之資產負債表及現金流量表，仔細找出有疑慮的項目，以提早偵測到問題。

　　即使打了 10 場勝仗，但獲利往往就在 1、2 場敗仗裡消失。我過去利用類似的條件刪去法避開不少危險個股，保全個人寶貴的資金安全！有幾次不

小心買了符合危險條件的個股，等到下跌行情展開，回顧才發現自己漏看了某幾項條件，這才忍痛賣出停損以避開更可怕的損失！可見有紀律、系統化的選股技巧可能遠比價格操作技術來得更重要！如果每位投資者都能遵守類似的效率選股，那麼肯定可以減少失敗的機率、提高勝率。

口木說法

　　投資路上無強弱，斷頭台前高手多！口木整理出來的通則，供新手後進參考對照，幸甚勿棄！

天底下總有擔憂不完的事情，我只買抱著睡得著覺的股票。

加碼原則

阿宅同事某日語重心長地對我說：「我終於找
到適合自己的無敵操作方法了……」

我準備洗耳恭聽……

他語氣帶著興奮繼續說道：「現在我每次加
碼，一定要比上次的成本還低，不然就堅持放著不
加碼……」

我瞪大眼睛問：「那……請問你哪時候賣？」

他想了想，答道：「如果賺很多，當然也要賣
啊！」

我又問：「萬一賠了怎麼辦？」

他笑道：「很簡單，放著等漲回來不就得了？」

來吧……有圖有真相！

我們試著以「宅宅逢低加碼操股法」，模擬一
下真實的操作情況：

圖 31 畫圓圈的部份，就是符合宅宅說的「破
低才加碼」的買點。奇怪的是，先後加碼了 5 次，

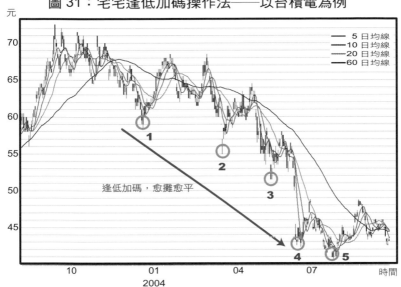

圖 31：宅宅逢低加碼操作法──以台積電為例

怎麼愈攤愈平？最後發現賠太多了，要嘛忍受遙遙
無期的套牢，不然只好拿出停損的勇氣，失敗收
場。

　　我跟阿宅說：「咱們換個方法，突破前波高點
才加碼。」

　　他驚道：「太瘋狂了！這樣追高不是很危險
嗎？」

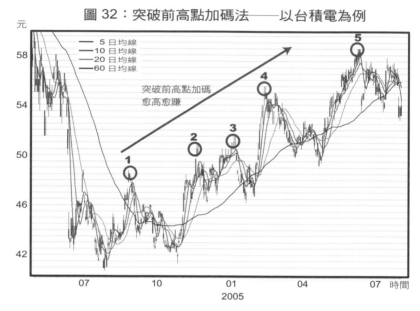

圖 32：突破前高點加碼法──以台積電為例

一樣有圖有真相，圖 32 是接續圖 31 的後續走
勢。沒想到用上了「**過高加碼**」的「危險動作」，
非但沒有賠錢，反而愈追愈賺。圖 32 可見每次追
高拉回，後續還會再創新高，整個結果就是「愈高
愈賺」。

這時宅宅不服氣地說：「好吧，我承認你說的
有點道理，這樣吧，融合你跟我的優點，我們來試

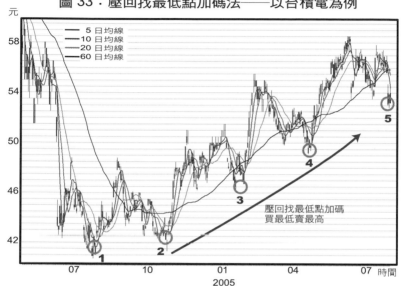

圖33：壓回找最低點加碼法——以台積電為例

試壓回找最低點的買法好嗎？」

圖33就是壓回找最低點加碼，這時幾乎達成了「買最低賣最高」的美好理想。但我認為實際交易過程並不太可能總是剛好買在最低點，頂多只能買在相對低點！

所以折衷一下，我認為較可行的加碼法是：過前波高點後壓回的相對低點。（圖34）

圖 34：過前波高點後壓回相對低點加碼法──
以台積電為例

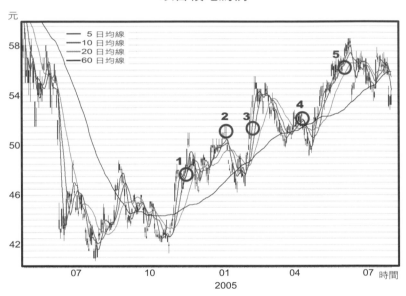

值得注意的是，圖 32-34 有賺錢的操作圖，買
進成本皆不斷墊高，簡而言之，愈買愈貴才會賺
錢，若愈買愈便宜反而有鬼！

從上面的實例分析，我們可以得到一個簡單而
真實的結論：

「加碼買進，最好每次都比前一次的成本還
高！」

　　我知道，這是非常違反人性直覺的操作方式，但也只有堅持這樣的道理，我們的部位才會一直走在多頭之中；反過來，只有「變便宜」才加碼的人，自己正陷在空頭跌勢中還不懂得及時抽身哩！

美股收高，是給你明天出貨用的。

為什麼不能往下加碼？

　　小豕網友問：「口木大……為啥不能攤平？」

　　口木：「我來打個比方，小豕妳每天都會從汐止車站坐車到台北車站上班，一上車就會睡覺。睡到一半，聽到廣播：『七堵站』到了！不管他，繼續睡……再廣播：『基隆站到了！』……嗯，怎麼還沒到台北？繼續睡……耶！妳這才發現不對勁！跳起來！趕緊下車。為什麼？因為你坐錯方向了！」

　　當你的投資開始不斷賠錢，這表示，你根本就「做錯方向」。

　　往下加碼，不但是繼續睡，而且還是直接躺下來睡，愈睡愈香甜，離目的地愈來愈遠，正是死路一條。

又好比，有一個人不小心墜樓，一定會想要抓住什麼東西，希望能停止掉落。

當他抓住了一條繩子，停止下墜，好不容易爬回大樓，總算撿回一命！當我們遇到投資虧損，卻往下加碼，就等同一個人墜樓時，不但沒抓住繩子，反而又被石頭打中，加快往下的速度，不但沒有救命的效果，只會讓死傷更慘重。

我說的這兩個比喻，就是市場的趨勢發生時，生死之間的關鍵。

停損是投資的「必要之惡」！所謂的必要之惡，就是有點討厭的事，卻又是很自然的必需品。就好比我們每天都要上大號，如果你嫌大便又髒又臭，從此不上大號了，一天兩天，沒事；三天五天，開始怪怪的；最後，大腸塞住，沒死也去了半條命。

要吃就要拉，買股票也是，要買就要會停損。從不停損的投資者，眼前沒出事大概只是運氣好。壞習慣要戒除很困難！我一開始也不信邪，打死不停損，結果都被老手說中：賺小條，賠大條！

學乖了之後，看到破線就停損，跟穿衣吃飯一

樣的反射動作，久而久之就習慣了。做對了往上加碼，做錯了砍掉再說，這樣才不容易吃到主跌段，而且不容易錯過主升段。這跟人性的直覺相反，所以要經過訓練才會確實執行！

　　如果你知道從台北要坐火車到高雄，那何必在桃園就急著跳車？

　　如果你從台北坐到了基隆，那還不快點跳車坐回來？

　　技術分析，就像汽車的衛星導航，他教你判斷哪裡是台北、哪裡是高雄，現在車子到底在哪。我們研究技術分析、基本分析、心理分析，就是在讓手上的工具愈加犀利，準確度當然會愈來愈高！

口木說法

　　做多，不往下加碼！只往上加碼！
　愈買愈貴，完全正確！
　　做空，不往上加碼，只往下加碼！
　愈空愈便宜，對極了！

減碼原則

　　股市行情高低起伏，你我手上的持股必然有時會出現「帳面虧損」，如果虧損不斷擴大，我們應該如何面對處理呢？就正統的操盤守則，一旦出現虧損，可能就得在觸及停損點時直接全盤認賠賣出。然而「停損」這個保命觀念實屬「知易行難」，我自己有時也會因為極度看好某檔個股，不願意及時停損而蒙受損失！在此我提出另一種處理帳面損失的方法：低買高賣分批認列虧損法。

　　當股價已經跌到某個程度，眼看反彈回升在即，或許我們可以引用金融業的一個觀念幫助我們處理這個虧損部位：打消呆帳！

　　所謂的「呆帳」，白話就是一筆「死錢」，也就是理想狀況下應該是可以拿回來的錢，卻因為某些客觀因素而不得不認賠作收。

　　類比到股市操作，又該如何運作呢？我們以實例講解說明，請看圖 35。

圖 35：減碼實例

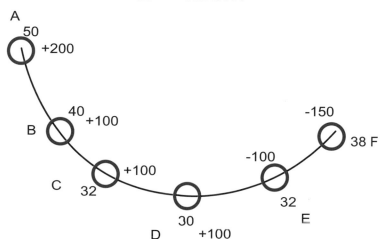

附註：紅字＋ 100 表示買進 100 股，－ 100 表示賣出 100 股

　　這是某位仁兄投資一檔「上市電子股」的進出過程，在股價從 50 元跌到 30 元的過程中，這位仁兄竟然一路不認賠，一再往下加碼，直撐到 30 元打底後回彈，他才慢慢地出脫持股。

　　整體來說，這並不算是成功的操作，但我把這個過程做成圖表，卻發現了一個有趣的現象。（見表 21）

表 21：減碼實例

點位	價位	買賣	投入金額	累計投入金額	先進先出法單次損益	帳面盈虧
A	50	200	10000	10000		
B	40	100	4000	14000		-2000
C	32	100	3200	17200		-4400
D	30	100	3000	20200		-5200
E	32		-3200	17000	-1800	-4200
F	38		-5700	11300	-1300	-1800

　　從 A 到 D 點，他因為往下加碼買進而讓持股部位不斷增加，不幸帳面虧損亦隨之增加。但在 E 點及 F 點卻可發現，雖然他每賣一次股票，就虧一筆錢，但帳面損失卻逐步縮小！在最後兩筆虧損的交易中，等於是認列前兩次（即 A、B 點買進）的投資損失，同時卻也降低持股成本與帳面虧損。

　　在圖 35 的走勢裡，我們可以推測，若此處打底確立，則在反覆漲跌的波段中，這筆原本失敗的操作，仍有可能透過低買高賣的策略逐步攤提既有虧損，乃至於最後在回升波中轉虧為盈！

　　如果我們對於行情的波浪位置能有準確的判

斷，即便不能永遠猜到最高點與最低點，只要我們掌握到相對高點與相對低點，就可以透過類似的操作手法減少虧損，甚至反敗為勝。

雖然在行情反轉時直接停損可能是最好的方法，但多次進出逐漸化解危機也是可行的交易策略，因為我們不可能每筆投資都賺錢，所以也可以用賺錢的部位來打消賠錢的部位，只要加總起來是賺錢的，就是成功的策略。

如果我們知道這家公司的基本面強勁，眼前的確處於「超跌段」，那麼利用來回操作、認列虧損的方法亦不失為「符合人性的迂迴戰術」！換個角度想，如果行情處於盤整期，帳面虧損幅度不大，其實也可以利用類似的手法來回買賣降低持股成本。萬一持股價格不斷走升，也可以利用高買低賣鎖定報酬，並保持核心部位持股，以期待主升段的暴利行情！

雖然各種方法的結果在數學統計上差異不大，但本文提出的「低買高賣分批認列虧損法」在心理層次上卻更容易被投資者接受，而此頗有介紹宣傳的價值。人們常因無法接受虧損的事實，放著虧損

口木座右銘

期貨別凹單，會死人！

不予理會，最後造成更大的問題，在此建議各位投
資者要學習接受虧損、面對虧損、處理虧損，才不
會最後自己反過來被虧損處理掉啊！

 口木說法

1. 只要抓到趨勢走向及相對高低點位，
   就容易利用操作策略達到預期的獲利
   效果。
2. 股票操作不一定得用「全有全無」的
   買賣方式，可以分批買進、分批賣
   出，分散交易時間點以降低人為判斷
   錯誤風險。
3. 遇到虧損最好不要任意往下加碼，如
   果判定走空，反而應該逢高減碼認列
   虧損，確認走多之後再加碼建立部
   位。
4. 面對持股帳面虧損，可選擇直接停損
   或逐筆打消虧損，但就是不要放著虧
   損不處理，以免最後發生不可承受的
   巨額虧損。

何時該出場？

江湖有此一說：「會買的是徒弟，會賣的是師父！」

的確，坊間媒體書報通常只教人如何買股票，倒是很少人傳授如何賣股票。賣股票的時機可能是賺錢停利，也可能是賠錢停損，不論是何種情況，在價格波動中，抓到好的賣點就是成功的關鍵。就讓口木教大家幾招：「如何帶出場」的招數，希望大家都能賣得開心、賣得漂亮！

出場招式 1：破月線出場法

首先介紹的這招原理非常簡單：在股價上漲的過程中，死抱活抱，說不賣就是不賣，直到股價跌破月線，二話不說，直接掛單賣出！

圖 36 是宏碁在 2010 年底的走勢圖，可看到 2010 年 12 月中跌破月線（MA21，即 21 日股價移動平均線，線上的每一個點都代表近 21 天的股價

圖 36：破月線出場法——以宏碁為例

平均，每月交易天數大約 21 天，所以可以當作月
線看待）即觸發賣點，依此法應直接賣出！

　　此時，號稱「台灣小巴菲特」的讀者正好 Call-
in 進來：「口木，我要糾正你！此時財報顯示個股獲
利狀況良好，而且外資一律叫好看多，依價值投資
原則：在基本面沒有改變之前，就應該死抱活抱不
要賣才對啊！讓我再抱抱看嘛，總有一天漲回來！」

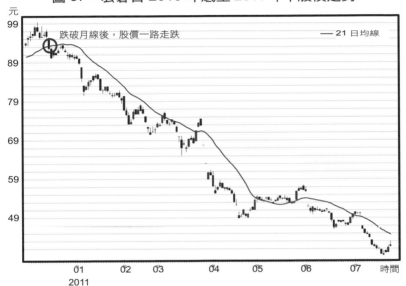

圖 37：宏碁自 2010 年底至 2011 年中股價走勢

好吧，我們看看如果破線不賣會如何？

台灣小巴菲特您可得看清楚囉，跌破月線之後的半年內，這檔股票的走勢就一路挫賽，由高點腰斬有餘，這正是沒有貫徹「破線出場」的結果喔！（見圖 37）

月線有人設成 MA20（20 日股價移動平均線），或有人設成 MA22（22 日股價移動平均線），

其實對結果影響並不大，各位可以找出最適合自己的參數！總之，抓一條均線做為進出的依據，只要不跌破就抱著、一跌破就賣，經過個人長期試驗，確實簡單好用，這是我介紹第一招「如何帶出場」的法寶。

出場招式 2：趨勢線法則

所謂的趨勢線，聽起來很高深，事實上很簡單，就是在一段行情中尋找幾波的高點相連，或者低點相連成一條直線。習慣上，我稱呼高點相連的叫做「上趨勢線」，而低點相連的稱為「下趨勢線」。（見圖 38）

其實，上、下趨勢線所代表的，就是原本波段的「價格慣性趨勢」，一旦有突破或跌破，就代表原先趨勢的改變，這時就得考慮背後主力新的意志與動向，進而思考相對應的買賣決策。

本文，我們就取「跌破下趨勢線出場」的策略來觀看實例。（見圖 39）

圖 38：上、下趨勢線示意圖

註：這邊說的上、下，是指高點或低點連成的趨勢線之別，而不是指
走向的上或下。

　　2007 年 11 月中，華碩跌破原先的下趨勢線，
依趨勢線法則出場，雖然後來再度拉高，但當價格
第二次跌破趨勢線之後，後續仍難回到破線停損的
價位。

　　圖 40 可見鴻海在 2007 年尾跌破了長期往上揚
升的下趨勢線，若你看得懂門道，就能在第一時間
掌握到出場的機會。

圖 39：華碩電子 2007 至 2008 年走勢

如果沒在關鍵點位賣出持股的話，在 2008 年
就會跟菲哥一樣拖著下巴看著鴻海的股價溜滑梯，
從 300 元天價一路跌到 50 出頭（見圖 41），真的是
始料未及啊！

趨勢線可以說是個人相當倚賴且偏好的技術分
析工具，只要簡單地拉幾條線，馬上就可以晉升技
術分析達人之列，而且簡單、可靠、明確！唯一的

圖 40：鴻海 2006 至 2008 年走勢

缺點是：它不像均線可以隨時出現在一般股市網頁
的技術分析圖上，如果沒有看線軟體，或許就得自
己列印出來在紙上畫了。還好，目前券商送的看盤
軟體多半都有畫線功能，各位只要學會月線、趨勢
線的定義及運用法則，馬上就可以在電腦上面分析
股市走勢，何不馬上試試？

圖 41：鴻海 2007 至 2009 年走勢

股價從 300 元，最低跌到 52.6 元

5 週均線
10 週均線
20 週均線
60 週均線

07　　2008　　01　　　07　　　01　2009　時間

出場招式 3：型態法則

　　型態學可說是貫古徹今的顯學，上通天文、下達地理，通通都愛玩型態學，古代天文學家看到天上有幾顆星子，就會幻想這是獵人的腰帶、蠍子的尾巴；地理學家也會依照山形水流預測出國勢家運，好風水就會出賢人雅士，似乎還真有那麼一回

事兒。簡言之，當我們在技術線型上看到一大塊三
角型、矩形……就會興奮地指道:「你看！這就是
壓力、這是支撐。」雖然聽起來類於無稽之談，但
實戰的經驗，發現型態學的判定還真有一點用處！

不多說，照慣例還是來看圖：

圖 42：台積電 2007 年走勢

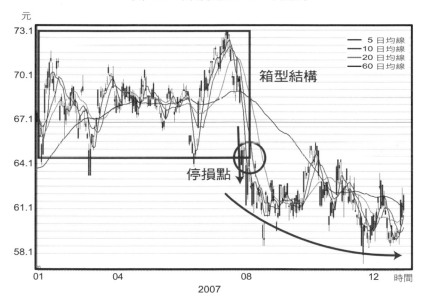

　　圖 42 是台灣第一大權值股：台積電的走勢
圖。圖中看到從 2007 年 1 月至 8 月，走在 65 到 73
元之間的「矩型價位帶」，在 2007 年 7 月底跌破矩
型型態之後，產生了「型態破壞後之停損點」，之
後一路由 65 元跌到 49 元才止住，這例子，讓我們
對型態學的存在價值產生了相當信心。

圖 43：英業達 2007 年走勢

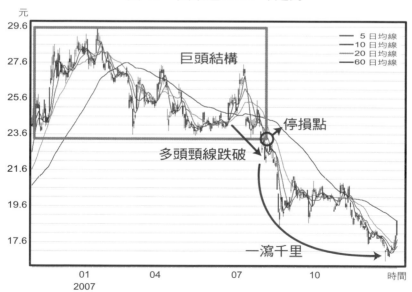

再看圖 43，這是筆記型電腦大廠英業達在 2006 年底至 2007 年的股價走勢圖。從 2006 年 11 月到 2007 年在 24 元以上築成多重頭部結構，同樣在 2007 年 7 月底跌破之後，產生了停損點後的空頭跌勢。

另外，在這一張圖裡面，我們可以發覺在型態頸線上下有一個 1：1 的價格測幅存在。什麼是價格測幅？價格測幅又要怎麼算呢？

我們就拿 24 元當做「軸心線」，往上看到箱型上緣為 30 元。30 － 24 ＝ 6，6 元的價差即為測幅高度。當頸線 24 被跌破之後，我們就先往下再減 6 元的測幅，24-6=18，也就是說，往下至少要跌到 18 元才是滿足點，很巧，這一張的確是看到 18 元以下。

口木座右銘

如果外資的話能聽信，那我保證台灣明天就可以進聯合國。

口木說法

型態學的範圍，不只上面講的矩型和多重頭部，還包括頭肩頂（底）、M字頭（W底）、三角形、矩形、拓增形……等。重點在於：我們透過細心的觀察，找到型態的完成及破壞，再從中去推敲價格區域的變動，進而得到進出場的決策反應，的確是實戰操作上很有用的技巧。

出場招式 4：大量法則

俗話說：「有容乃大，量大福大。」又說：「宰相肚裡能撐船」，古典文化常對「大量」產生根深柢固的正面觀感。股諺云：「量是價的先行指標」，常被進一步誤解為：「有量才有價」，於是投資者常見量心喜而追價買進，反而被套牢在高點。在此，口木登高疾呼：「量大非福」！遇到爆大量時反而要小心高點將至！

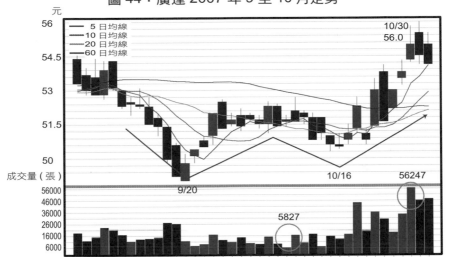

圖 44：廣達 2007 年 9 至 10 月走勢

　　到底要如何從成交量的訊息找到出場點呢？以
下請看例圖說明。

　　圖 44 是廣達在 2007 年 9 至 10 月的股價走勢
圖，乍看還以為是張漂亮的打底起漲圖對吧？

　　2007 年 10 月 29 日，市場出現一個傳言：「鴻
海即將合併廣達。」當天爆出 5 萬張以上的大量，
日 K 棒做出紡錘線。（見圖 45）

　　請注意：圖中的高點出大量，約是先前低點最
低量的 10 倍。

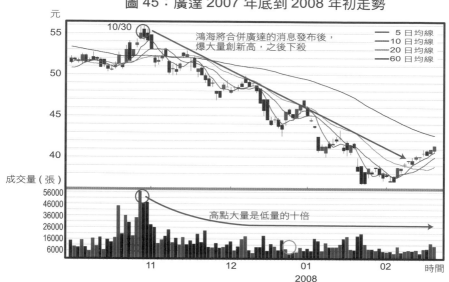

圖 45：廣達 2007 年底到 2008 年初走勢

接著是三天的收黑，結果竟然一路下殺跌了近
4 成才止跌。圖 45 提醒我們：當市場傳出利多配合
爆出異常大量，可能是有心人士假藉利多出貨的結
果！

再看下一檔：聯電，這是晶圓代工雙雄之一，
很有趣的是，這家公司分割出去的每個公司都很會
賺錢，偏偏只有母集團的本業怎麼樣都賺不了錢，
股價長期積弱不振，眾多小股東套得牙癢癢又捨不

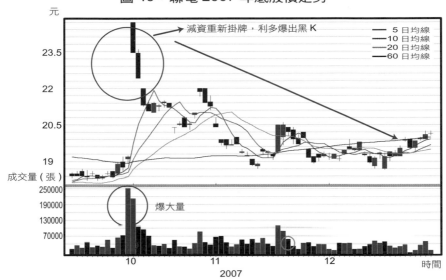

圖 46：聯電 2007 年底股價走勢

得賣，也算是台股史上一絕。好啦，咱們看圖先。

　　圖 46 是聯電 2007 年底的股價走勢圖，2007 年 10 月 9 日是聯電減資重新掛牌首日，外資叫進，爆出 25 萬張天量，是前月低量 19,250 張的 12 倍以上。當天卻只聞殺聲隆隆，隨後連見三根黑 K 棒，套得每個看報紙搶進的小股民叫苦連天！

口木說法

　　由上二例可應證「利多出量」絕對是凶險至極的江湖必殺技，我們應該要對「有量才有價」這句諺語起疑心！成交量溫和放大的確是行情推升中的正常現象，但萬一配合利多爆出大量，就很可能是行情末段殺盤套牢的警鈴，吾人不可不慎！

去頭去尾吃中段

久未謀面的的老朋友見了面說看我的網誌一段時間，卻不知道股市投資到底該從何下手。我說：「投資路上無老少，斷頭台前高手多！難道你人生過得太如意，非得進股市淌混水才甘心？」

朋友笑答：「就是知道股市投資不容易，才特別來請教你這位『股科醫師』啊！」

看在多年的交情上，我答應為他說上一堂簡單易懂的股市交易心法──「去頭去尾、吃中段！」

就先拿 IC 設計大廠──聯發科近年的走勢舉例說明吧。（見圖 47）

近一年來我身邊好多同事與朋友都在買這檔股票！我當時幫忙看了個股線型，發現價格一路往下溜滑梯：低破前低，高不過前高，空頭走勢，實在想不透為什麼「發哥」總是萬人迷？

從圖 47 來看，近期最低點來到 244，從 2010 年初高點 590 算來，股價腰斬有餘。即便這是一家

圖 47：聯發科 2010 至 2011 年股價走勢

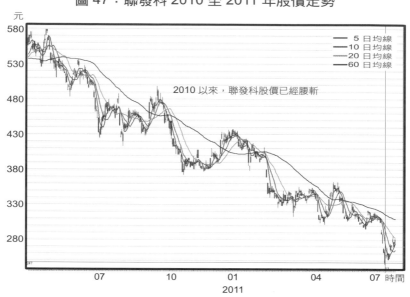

好公司，但稍不留意就可以賠上數 10 萬血汗錢，
我們還能說賺股票錢很容易嗎？

到底要怎麼樣才能抓到正確買點呢？

重點真的很簡單，以下就分點帶大家一起做
「重點複習」。

1. 趨勢往下的股票，不能買。

2. 要等到打底突破，才能買。

3. 所謂打底，就是股價不再創新低。

4. 所謂突破，就是股價超越前波高點、趨勢壓
　力線、或關鍵棒線。

5. 只追打底突破的股票。

6. 進行攻擊後，不隨便賣掉。

7. 做頭跌破後，賣出持股，不再接回。

　　上述七點加起來，就可以歸納導引出「去頭去
尾吃中段」七字心法。

　　去掉的頭，就是不參與打底過程中的波段。去
掉的尾，就是不操作做頭後的逃命反彈波。如果還
是聽不懂，就讓我再舉第二個例子進一步說明！

　　圖48可以發現，宏碁在2010年10月底做出
三角突破攻擊，之後一路上漲到近百元處做頭破線
走空。對照前面提到的操股七大步驟：

1. 對應2010年10月攻擊前的三角打底段，不
　做，就是「去頭」。

2. 對照2010年12月中破線以後的做頭起殺
　段，不做，就是「去尾」。

3. 在突破買點到破線賣點之間的正是「中段」
　甜美魚肉區！

口木座右銘

主流，就是主力的錢流。

圖 48：去頭去尾吃中段應用——以宏碁為例

去頭去尾後的中間段漲勢其實就是主力參與的
攻擊波，乃最安全、最可靠的主升段行情。真正懂
股票的人，主要就賺這一段。

發心習股的朋友們，只要看得懂什麼是突破、
什麼是跌破、什麼是多頭主升段，什麼是空頭主跌
段，就能了解：操股心法只在多頭主升段做多，空
頭主跌段做空！

這篇淺白的文章看一次可能看不懂，請務必再多看幾次，最後一定會懂；你會發現：股海賺賠之間，十之八九就是這麼一回事。

朋友問：「難道你只相信技術分析，而忽略價值投資？」

我說：「我們不能因為在夜晚看到月亮，就否定白天會出現的太陽。」

技術分析與價值投資是同時存在於交易市場的事實，兩者之間不完全相斥，我們不必自困於非此即彼的兩難選擇題當中。

我在操股實務的心得是：主力強力操控的個股，就絕口不提「價值投資」四個字！唯有個股價值超越主力意志的個股，才適合完全以價值投資心法評估操作。

如果你真想奉行價值投資，請早點跟隨口木的腳步，獨鍾這一檔萬年好股：中華電。（見圖 49）

說也奇怪，大盤漲漲跌跌，中華電只是一路漲自己的行情，讓股東們不禁感嘆：「賺錢，真的好無聊喔！」

口木座右銘

長期投資可能只是風險的累積。

口木醫生的
股票投資術

圖 49：中華電 2011 年上半年走勢

口木說法

1. 千萬別以為自己可以掌握股市的每一波大小行情,我們應該只參與有把握的主要波段,且放棄趨勢不明的頭尾區段。

2. 一旦趨勢改變,應即早停損或停利出場,切勿凹單以免陷入長期套牢的命運。

3. 價值投資只適合特定個股,多數個股背後皆有主力操控,切勿只以浪漫的價值分析看待。

連分析師都群起悲觀的時候,通常跌勢也要告一段落了。

天地一均線

在技術分析的領域裡，均線理論算是最容易入門且實用的必學課程，講白一點：不懂均線實在就不夠格說自己是技術分析玩家！本文將以最淺顯易懂的方式介紹如何運用均線操作股票。

什麼是均線？

均線是一種單純的落後價格指標，在公式上就是抓取過去某幾個成交日的收盤價平均計算後取得「均價」，再將每一日算出來的均價連成線型，即可看到電腦上平滑而連續的均線。

可依計算的天期分為 5 日（5MA）、10 日（10MA）、21 日（21MA）、62 日（62MA）、乃至 125 日（125MA）、250 日（250MA）等長短週期各式均線。習慣上我們會稱 5MA 為週線、10MA 為雙週線、21MA 為月線、62MA 為季線、125MA 為半年線、250MA 為年線。

有人問：為什麼一年 365 天，年線卻只有計算

250 個開盤日的收盤價呢？

　　因為除了固定的週休二日外，再加上例行假日，全年休假可達 114 天以上，算起來開盤日只有 365 − 114 ＝ 251，故一年以 250 日為基準屬合理。

　　有人習慣以 5 日、10 日、20 日、60 日、120 日、250 日等概算數字設定各週期均線，應用上差異不大，諸位可自行調整設定，不必過度据泥於數值，本書圖表就以 5 日、10 日、20 日、60 日均線為例說明。

均線有什麼意義與特性？

1. 均線代表這段期間內一切參與投資者的持股成本

(1)當個股走在上升的均線以上，代表近期投資者皆處於獲利狀態，惜售及追價的市場心態會繼續推升行情，技術分析上則解讀為「上揚均線提供助漲動力及下檔支撐」。

以圖 50 為例，鴻準在 2011 年 4 至 5 月的各均線都呈現往上助漲的行情。

(2)當均線下行且個股價格走在均線以下，表示多數投資者被套牢呈虧損狀態，因此均線本身就

口木座右銘

如果這世上沒有經濟學家，日子該有多麼美好！

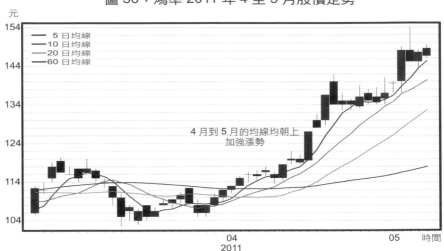

圖 50：鴻準 2011 年 4 至 5 月股價走勢

會加劇下跌力道並提供上檔壓力。

例如圖 51 是茂德在 2011 年的行情，每條均線皆下行，加強個股跌勢。

2. 長週期均線看趨勢力道、
短週線均線看多空力道

短週期均線（5 日、10 日、20 日均線）較敏感但易誤判，長週期均線（60 日、120 日、250 日均線）較遲鈍但可靠。因此可以短週期均線判斷個股

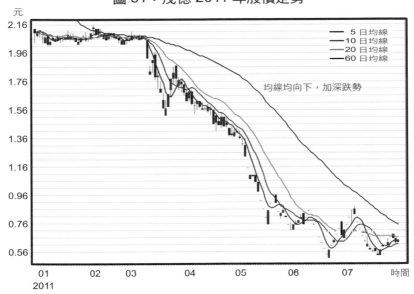

圖 51：茂德 2011 年股價走勢

多空方向，再以長週期均線確認趨勢效度，兩者互補可兼顧效度及敏感度。

圖 52 是佳世達 2011 年的走勢。4 月中出現月線上揚翻多訊號，但同時季線往下造成壓力，後續走空繼續創新低。由此可說明月線對短線行情變化敏感，但季線方向仍然維持趨勢力道而不易受短線波動干擾。

季線代表的是過去 3 個月內投資人的平均成

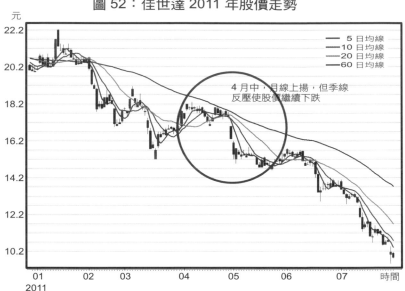

圖 52：佳世達 2011 年股價走勢

本，當行情走在季線以上，則可確立中期趨勢向
上，反之則代表個股中線走空。我們應該挑選行情
走在季線之上的強勢個股，則可避開空頭行情，當
個股跌破季線時，則可考慮停損出場。亦有人主張
應挑選走在月線以上的個股，且一旦跌破月線即應
出場，此法則適合操作週期較短的投資人。

均線如何在實戰裡應用？

1. 一條均線定多空

以圖 53 為例，益通在 2011 年的個股表現，在季線以上漲多跌少，季線以下漲少跌多。

2. 均線交叉定趨勢

利用短均線與長均線的交叉關係可看出個股的多空進場點，最常被選用的就是月線與季線之交叉：

圖 53：益通 2011 年股價走勢

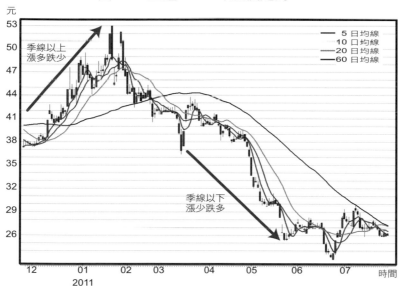

(1)如果月線與季線發生「黃金交叉」即月線向上
　　穿過季線，容易引發一段多頭行情。

　　圖 54 是華碩在 2003 年走勢，可以發現 2003
　　年 3 月出現月季線黃金交叉後，個股展開多頭
　　漲勢。

　　如果你看得懂月季黃金交叉，就可能掌握後續
　　的翻倍行情哩！

(2)當月線下破季線則稱作「死亡交叉」，就很容
　　易引發一段空頭行情。

圖 54：華碩 2003 年股價走勢

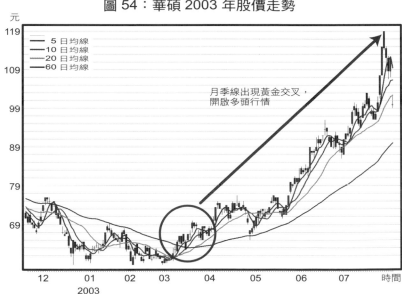

圖 55：華碩 2006 年上半年股價走勢

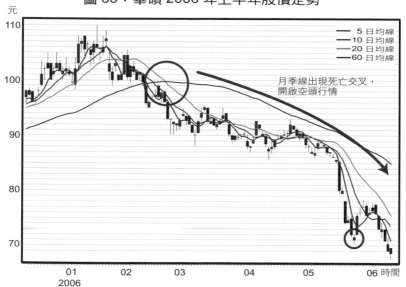

元

月季線出現死亡交叉，
開啟空頭行情

5 日均線
10 日均線
20 日均線
60 日均線

110

100

90

80

70

01
2006
02
03
04
05
06 時間

圖 55 是華碩在 2006 年的股價走勢，當華碩在
2006 年 2 月出現月季線死亡交叉後，引發後續
一段跌勢。

如果看得懂圖中死亡交叉的兇兆，就可能避開
80 元到 57 元這段高達 3 成的跌幅喔！

口木說法

1. 均線是統合價格心理慣性的混沌指標，雖然是落後資訊，卻能客觀反應出行情趨勢甚至推測未來走向。

2. 分析均線與 K 線的相互位置或不同均線的交叉變化可推演出多空行情訊號，但視你我參悟的深入而有不同的解釋與領悟。

3. 均線法則可提供客觀而有效之進出判斷依據，但並非萬靈丹，投資者可進一步參酌 K 線的型態、個股的基本面變化綜合評估交易策略，以增加操股勝率。

從「台灣50」中找好股票

　　很多人聽過「ETF」，卻不知道這樣的投資商品到底有什麼特色與好處。

　　ETF 的全名叫 Exchange Trade Funds，中文正式名稱叫做「指數股票型證券投資信託基金」，簡稱為「指數股票型基金」。

　　ETF 投資者不以傳統方式買賣股票，而是透過 ETF 間接投資市場，而 ETF 持有複製指數表現之一籃子股票，以達到追蹤指數績效的目的。

　　台股第一檔 ETF 是「台灣卓越 50ETF」（簡稱台灣 50，代號 0050），隨後又有「台灣中型 100ETF（代號 0051）、「台灣金融 ETF」（代號 0055）、「台灣高股息 ETF」（代號 0056）等諸多商品推出，各自追蹤特定的指數成份股，遂有不同的投資績效表現。

　　ETF 商品有下列幾個特點：
　　1. 基金的本質，但卻有股票的形式。

2. 被動式管理，追求指數報酬率。

3. 可直接透過現有股票帳戶下單，不需要另行開戶。

4. 買賣自由，可進行融資、融券交易，平盤下亦可放空。

5. 交易成本低於一般股票（手續費相同、但證券交易稅僅為一般股票交易的 1/3）。

6. 交易持股透明，公信力足，並可衍生其它期貨商品。

以台灣 50 為例，其成份股是選擇台股上市公司中最穩定、最大型的 50 家企業，標的分布於各產業的龍頭公司，以達到分散風險之目的，不容易暴漲暴跌，且比照股票方式配息，其平均年配息率近 5%，長期投資 ETF 可以做為定存的替代選項。

個人認為台灣 50 有幾個好處：

1. 可簡單利用「低買高賣」達到穩定獲利的目的。

2. 在大盤遇利空急跌時，可逢低搶進台灣 50，一次打包數十家優質公司。

3. 50 檔成份股的市值高、流通性佳，可當做核
　心持股的參考依據。

要當懶人就別理財。

　　過去許多朋友會問我：「股市行情正牛，現在
該買哪一支股票？」

　　自從有了台股 ETF 之後，我可以直接教他：看
好台股，直接買進台灣 50，一次打包 50 檔股票，
從此不必煩惱選股的問題了！

　　不過台灣 50ETF 仍有其缺點：相較於中小型
股，股性堪稱牛皮，故較難預期大波段獲利，因此
除了單純投資台灣 50，也能仔細檢視其成份股，挑
選其中的股票進行投資。

　　我先從近期台灣 50 的成份股資料，整理出權
重排行成份股名單吧！（見表 22）

　　表 22 可見台灣 50 前 10 大權重成份股就占了
56％以上的權值！

　　在 50 檔個股中，以 IC 類股、金融、電腦、通
信、石化等占了絕大多數。

口木醫生的
股票投資術

表 22：台灣 50 檔成分股

	股票代碼	股票名稱	指數權重
1	2330	臺積電	15.35%
2	2317	鴻海	7.87%
3	2498	宏達電	6.71%
4	1301	臺灣塑膠	5.11%
5	1303	南亞塑膠	4.85%
6	1326	臺灣化纖	3.83%
7	2412	中華電信	3.12%
8	2454	聯發科	2.89%
9	2002	中國鋼鐵	2.88%
10	2882	國泰金	2.80%
11	2881	富邦金	2.32%
12	2891	中信金	2.03%
13	2886	兆豐金	1.74%
14	2382	廣達	1.60%
15	6505	台塑化	1.57%
16	2303	聯電	1.54%
17	2308	台達電	1.54%
18	1216	統一企業	1.46%
19	2357	華碩	1.45%
20	2409	友達	1.41%
21	2885	元大金	1.31%
22	1402	遠東新	1.30%
23	1101	臺灣水泥	1.30%
24	2324	仁寶	1.29%
25	3045	台灣大哥大	1.27%
26	3481	奇美電子	1.23%

	股票代碼	股票名稱	指數權重
27	3673	宸鴻	1.20%
28	2311	日月光	1.18%
29	2353	宏碁	1.11%
30	2354	鴻準	1.10%
31	2883	開發金	1.07%
32	2105	正新橡膠	1.04%
33	2912	統一超商	1.04%
34	2892	第一金	0.95%
35	2880	華南金	0.90%
36	2325	矽品	0.90%
37	2347	聯強	0.88%
38	5854	合庫	0.87%
39	3231	緯創	0.82%
40	1102	亞洲水泥	0.78%
41	2474	可成	0.77%
42	3008	大立光	0.76%
43	2890	永豐金控	0.72%
44	2301	光寶科	0.71%
45	2801	彰銀	0.70%
46	2448	晶元	0.60%
47	4904	遠傳	0.60%
48	2888	新光金	0.57%
49	1722	台灣肥料	0.54%
50	2618	長榮航	0.36%

資料來源：http://www.twse.com.tw/ch/trading/indices/twco/tai50i.php

註：台灣 50 的成份經常更替，下表為 2011/06/28 收盤時的成份股

　　但在名單中，卻看到了許多高本益比、乃至於本業「長期不賺錢」的個股。

　　口木提出選股的「三不」原則，就是：「不虧、不假、不貴」。

　　本業會虧錢、財報虛假難測的個股、還有股價炒作過高的股票，我通通不要！

　　我試著將一些高本益比、獲利不穩定的產業去除（如 DRAM、LCD、金融股），整理成表 23，留下來的股票果然看起來順眼多了！

　　這 24 檔個股仍然占原來的 6 成多權重！如果我們可以自行以零股投資優質標的，甚至打破權值的迷失。我相信要打敗大盤表現或台灣 50 的績效並非難事！

　　當然，口木在此不為這 24 檔個股背書，主要是呈現：即使是台灣 50 成份股裡仍有不賺錢或太貴的股票，如果我們想要超越指數表現，就得靠自己精挑細選投資組合，才能達到更好的績效喔。

表 23：24 檔台灣 50 檔績優成分股

	股票代碼	股票名稱	指數權重
1	2330	臺積電	15.35%
2	2317	鴻海	7.87%
4	1301	臺灣塑膠	5.11%
5	1303	南亞塑膠	4.85%
6	1326	臺灣化纖	3.83%
7	2412	中華電信	3.12%
9	2002	中國鋼鐵	2.88%
14	2382	廣達	1.60%
15	6505	台塑化	1.57%
17	2308	台達電	1.54%
18	1216	統一企業	1.46%
22	1402	遠東新	1.30%
23	1101	臺灣水泥	1.30%
25	3045	台灣大哥大	1.27%
29	2353	宏碁	1.11%
30	2354	鴻準	1.10%
32	2105	正新橡膠	1.04%
33	2912	統一超商	1.04%
37	2347	聯強	0.88%
39	3231	緯創	0.82%
40	1102	亞洲水泥	0.78%
46	2448	晶元	0.60%
47	4904	遠傳	0.60%
49	1722	台灣肥料	0.54%

買三休一，台股穩賺投資法*

綜觀台股歷史，有一個神祕的法則總是一再輪迴，過去發生過，未來很可能會重演，你想知道答案嗎？

江湖一點訣，說破不值錢！口木今兒個就打開天窗說亮話，一次解密台股多空操作密法：總統大選！買三休一！

想在台股裡賺錢真的很簡單，只要在每次的總統大選結束一年後開始買進股票，連買三年後，在第四年的總統大選前逢高全部賣出，保持空手，直到一年後再開始買進，每四年一次投資循環，這樣就可能達到平均15%的年獲利績效！

從圖56可見，每次總統大選後照例至少殺盤半年，之後再慢慢回升，直到下次選舉前指數再被拉抬至高點。自從1996年台灣舉行第一次民選總統，從此台股展開每4年為1週期的多空循環。換

＊本文首先發表於 Smart 智富月刊第 141 期

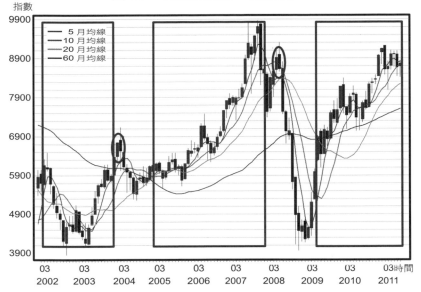

圖 56：台股買三休一投資法

句話說，投資人只須避開選後 1 年的殺盤，並記得
在休息 1 年後參與選前 3 年的多頭行情，再於選前
高點出清持股，就可以笑傲台股穩操勝券！

　　我們取 1996 至 2008 年之間每月的加權指數當
做該月買進成本，並以每次總統大選當月的平均加
權指數做為賣出成本，假設每個月固定買進 1 單位
的台股（可取權值股組合或是台灣 50 做為投資標
的），到總統大選前共累積 3 年共 36 單位的台股部

位，並於總統大選舉行的 3 月逢高賣出，即可算出
報酬率。

　　純以指數報酬而論，2000 年以前的投資可得到
19.12％的粗報酬，年化報酬率為 10.29％；如法炮
製，2004 年大選前的投資甚至達到 16.32％年報酬
率，而 2008 大選前的投資報酬率亦有 10.83％的平
穩表現。（見表 24）

　　對了，剛才說有 15％的報酬率，為什麼在 2000
年和 2008 年的週期內只看到 10％的年報酬呢？

表 24：買三休一投資法

大選年	2000 年	2004 年	2008 年
買進時間	1997 年 1 月至 1999 年 12 月	2001 年 1 月至 2003 年 12 月	2005 年 1 月至 2007 年 12 月
平均成本點位	7,939	5,102	7,140
賣出時間	2000 年 3 月	2004 年 3 月	2008 年 3 月
賣出點位	9338	6658	8440
粗報酬率	19.12％	30.50％	18.21％
年化報酬率	10.29％	16.32％	10.83％
計息年化報酬率	15.41％	21.72％	15.97％
三年累積報酬	53.71％	80.33％	55.98％

表 25：寶來台灣 50ETF 配息紀錄

配息日	收盤價	配息	殖利率
2010/10/25	56.10	2.2	3.92％
2009/10/23	53.25	1.0	1.88％
2008/10/24	32.34	2.0	6.18％
2007/10/24	67.70	2.5	3.69％
2006/10/26	53.60	4.0	7.46％
2005/05/19	45.38	1.85	4.08％
		平均	4.52％

別忘了，當我們買進股票後每年都會進行除息，指數因此會「人間蒸發」，所以在計算真實報酬率時要手動將漏算的股息報酬補回來。

經統計，台灣 50 的價格與台股相關係數高達 98％，所以我們可以這檔 ETF 的表現直接替代大盤表現，依據過去 6 年來台灣 50 基金的配息紀錄計算出幾何平均年殖利率為 4.52％（見表 25），加乘至指數年化報酬率即可得到計息年化報酬率。

果然，近 12 年三組總統大選投資實驗皆得到了 15％以上的年化報酬率佳績！在 2001 到 2004 年甚至達到 21.72％的年報酬！若非親自驗證，我想

的確很難相信如此簡單的投資法則竟然可以創造比
美股神巴菲特的驚人績效哩！

買三休一 ＋ ETF ＝ 絕配！

就一般散戶來說，不太可能為了複製指數表現
而自行買齊台股中的權值股，所以我建議可直接買
進台灣 50 來追蹤台股表現。相較於「定期定額、
只買不賣」的傳統操作方法，「買三休一台股投資
法」提供明確的買賣時程，規避總統大選前後的高
系統性風險，故能參與股市多頭行情、跳脫空頭時
程。搭配 ETF 操作，更可以聰明的以被動指數化投
資方法打敗多數主動式基金的投資績效。

投資人依「買三休一操股法」可逢高點賣出持
股後再將資金轉入定存（通常此時定存利率處於高
檔），或可將獲利拿出來犒賞自己，享受投資賺錢
的甜蜜果實！待定存到期後則可定期逢低加碼買進
ETF，或者單筆敲進建立核心持股，伺機低買高賣
波段操作增加獲利，最後只要記得總統大選前出清
持股落袋為安就對了！

圖 57：買三休一操股法示意圖解

三年買進　定存　三年買進　定存　三年買進　定存

↓　　　　　　↓　　　　　　↓

出清　　　　出清　　　　出清

　　雖然過去的績效不代表未來績效，但我相信過去驗證過的道理，未來仍將反覆實現：不論在台灣或世界各國，總統大選的成敗決定當地政權能否持續，背後涉及巨大政經利益及權力分配，而股市興衰乃民眾直接感受到的「大環境指標」，所以執政黨在選前必然全力做多股市以拉抬選情。只要總統大選不斷舉辦，則台股將難逃四年一輪的多空循環，口木提倡的「買三休一台股投資法」未來仍可延用。

　　展望即將到來的 2012 總統大選，雖然已經改在 1 月舉行，不過我相信台股仍有高點可期，至於選後行情如何？就請各位與口木一起見證歷史是否四度重演囉！？

口木醫生的
股票投資術

Part 5
零股投資法 <small>小錢也能滾出大財富</small>

零股投資法介紹

　　股王宏達電動輒 1,000 元以上的天價，買 1 張就得存 100 萬元以上的資金才可能當上股東，一般上班族只能望股王興嘆，不禁問道：「難道咱們小股民，一輩子都跟高價股絕緣嗎？」

　　其實只要學會「零股投資術」，一樣能夠以小搏大，錢少少照樣投資王雪紅，讓她幫你熱賣 Desire 機王！

　　迫不及待想要跟口木學習零股操作法了嗎？就讓我先為各位介紹「什麼是零股」吧！

1. 零股的定義

　　股票發行時，皆以每張 1,000 股為基本單位。但在除權、增資、減資等股權調整動作中就會出現畸零股（即本文介紹的零股）。零股的最小買賣單位為 1 股，最大單位為 999 股，可依個人需求決定下單數量。

　　許多投資人因為不知道如何處理零股，所以領

到零股時反而覺得是令人頭痛的麻煩東西。但對我來說，零股卻開啟小散戶投資中高價股的機會之窗。零股的奧妙在於：股票不必整張買，可以化整為零地慢慢買進。

你永遠無法掌握的內幕才叫基本面！

2. 零股交易方式

在過去未完全電腦化交易的時代，走在台北衡陽路上還會看到許多婆婆媽媽在券商騎樓路邊攤比手畫腳地買賣零股。自從民國 94 年零股交易新制實施後，此等街頭盛況不再，固定於每個交易日盤後 13:40 到 14:30 接受掛單，並於 14:30 後以集合競價方式一次撮合成交，並以電腦回報證券商。成交價格由市場機制決定，價格落在該檔股票當日開盤價的漲跌幅 7％內。買賣成交優先順序則依價格優先原則，同價位之申報，依電腦隨機決定優先順序。從此零股交易不再享有固定折扣優惠，完全以電腦盤後自動撮合交易。

3. 零股交易成本

零股交易的成本包括股票買賣的券商手續費及

賣出零股時須繳納的證券交易稅，基本上與整股交易的費用一致。券商手續費定為 1.425‰，但許多券商的手續費折扣可以打到 1.7 折到 2.5 折，折扣後的手續費等於只有 0.2‰，就算加上 3‰ 的證券交易稅，買賣一次的手續費也才千分之三點多，比起一般共同基金動輒 3％ 以上的費用支出，等於節省了 9 成的交易成本！

　　值得注意的是，有些券商在單筆交易手續費不滿 20 元時會以 20 元計算，甚至有些券商是以折扣後的手續費採計單筆最低 20 元，這些隱形的規定明顯不利於小額零股投資人，建議各位讀者在開戶前能夠問清楚各券商的規定，以免在手續費上吃了悶虧。

　　除了尋找手續費較優惠的券商之外，建議可以存滿一筆錢之後再投資零股，一般而言，只要單筆投資金額在 14,000 元以上，就可以達到節省交易成本的目的。

4. 零股的優點

　　零股買賣屬盤後交易，投資人可以利用盤中時

間仔細思考，因此較不容易受市場波動影響而造成恐慌，做出錯誤決策。由於基本面好的股票價位通常不低，加上年輕上班族資金不多，好不容易買了 1 檔股票就沒錢買另一支，因此無法分散風險；有些新鮮人則會拿沒錢當藉口，以為自己買不起好股票，於是放棄學習投資的機會，在股市多頭時只能眼睜睜和財富擦身而過。零股投資正好可打破入市的門檻，非常適合剛出社會、收入有限的上班族及社會新鮮人當做參與股市，學習投資理財的試金石！

5. 零股的缺點

投資零股最大的缺點就在於流動性不足！在口木尚未提倡零股投資之前，只有少數人知道這個管道，因此參與的人數有限，交易並不熱絡，想買股票的時候可能買不到，想賣股票時也不見得賣得掉。幸好經過我近年來在網路及媒體上大力鼓吹，目前參與零股投資的人數已大幅增加。但仍要建議諸位讀者小心挑選個股，宜避開交易冷清的冷門個股，而有些公司許久未進行配股或增減資動作，因

口木座右銘

什麼是高手？過了五年還沒消失在市場的就是高手。

而無法供應新的零股，亦應避免投資這類公司的零股。

口木說法

　　零股其實就是「化整為零」、逢低慢慢建立部位、讓股票「零存整付」的投資方法，假以時日可選擇在市場整張賣出，亦可選擇持有不賣，積少成多以累積報酬。選股上建議以交易量大的績優大型股為主，可避免流動性不足造成的困擾與風險。

　　經過口木的介紹，相信各位對零股已有清楚的認識，下文將介紹零股投資的進階心得與應用。

零股交易心得

　　零股投資對多數人仍是陌生的領域，口木實際從事零股買賣累積多年經驗後，在此毫不保留將心得分享給各位讀者以供實戰參考！

1. 挑選零股標的四大祕訣

祕訣 1：選擇流動性佳之個股

　　零股最大的先天缺點就是「流動性較差」！投資人應選擇現股成交量較大，或是占台股權值高的大型股，比較容易買賣，例如台灣 50ETF 的成份股正是值得列入選擇名單的標的。投資人可在「台灣證券交易所」網站查詢到每日公布的零股成交狀況，如果近期零股皆未成交者，表示零股交投冷清，最好避免介入這檔股票的零股。

祕訣 2：挑選獲利穩定的企業

　　零股投資因為流動性低，故不適合短線操作，

最好能中長線持有，因此投資的企業必須獲利穩
健，不宜起伏太大。如果一檔個股近年來獲利穩
定，而且每季獲利波動不大，表示這檔個股較不受
景氣循環影響，相對適合零股投資。

祕訣 3：高殖利率、低本益比

企業賺了錢不能只圖利董監，而應該將盈餘實
在地分配給一般股東，因此我們要選擇現金股息殖
利率較高的股票。另外標的個股之本益比亦不能過
高，一般而言，本益比在 10 到 15 倍為合理水準，
超過 15 倍時，代表市場可能過熱，可考慮逢高賣
出持股。

祕訣 4：公司負債比宜低不宜高

如果公司負債比率過高，即使其財報獲利亮
眼，但高負債背後的財務品質疑慮可能潛存著倒帳
風險，不少企業都在過度美化財報或不當操縱財務
槓桿後引發地雷下市，因此我們應該選擇負債比率
合理（至少低於 50％）之公司較為安全。

綜合以上四條件，口木列出幾檔個人常操作之零股標的：中華電、中鋼、中興保、和泰車、台塑。

　　以上個股或具有官股色彩，或是產業龍頭，財務結構良好，且獲利能力已經過時間考驗，是個人認為適合從事零股投資之標的。

　　（註：以上個股純屬以各項條件篩檢後之個人喜好名單，而非投資個股推薦）

2. 如何投選零股買賣進出時機點位？

　　零股買、賣點的判斷，與一般股票並無二致，個人心法整理如下：

適合買進股票（零股）的時機點
(1)在突發利空、許多人害怕會崩盤時進場。
(2)在身邊很少人討論股票時持續進場。
(3)在周刊標題不看好台股時進場。
(4)在成交量較低迷時進場。

股票不會因為賦予題材、概念而增加其長線投資價值。

適合賣出股票（零股）的時機點

(1)在利多一再出現、許多人自以為是股神時出場。

(2)在身邊多數人都討論股票時持續出場。

(3)在周刊標題大力看好台股時出場。

(4)在成交量創新高時出場。

散戶因為資金較少，故常因重押某檔個股，造成一時錯判而資金套牢，進而錯失大盤的波段行情。在大盤重挫時，以零股收購方式累積手上「績優股」部位，可達到幾個優點：

(1)克服想買在最低點與賣在最高點的心理障礙。

(2)分散標的，降低持股風險。

(3)因零股無法於盤中任意殺出，被動加強低檔持股動力。

(4)累積至整張股票時，可能也累積了一定的漲幅，剛好可以獲利出脫。

(5)分散進出時間點，資金流動性較佳。

口木說法

　　零股投資其實就是股票投資的入門幼幼班，讓年輕人用最少的資金，投入最多樣化的股票市場。時下新鮮人多半以共同基金當作主要理財工作，但買零股和買基金的投資邏輯迥異：買基金是抓住趨勢方向，花較高的成本請專家操盤，好處是自己不需費心選股；而買零股等於是讓投資人自己當起「微型基金經理人」，自己選標的、負責操作績效，因此投資的「成就感」遠比基金投資強得多！

　　然而投資人畢竟得忙於本業，不像專業經理人有投資團隊協助管理上百檔個股，因此我建議投資人不宜過度分散注意力，持有標的宜控制在 3 至 5 檔較能集中精神管理持股。

別人包裝好的題材，最貴！

　　諸位學會了選股法則並掌握適當買賣點位，就可以開始試著發揮零股交易技巧，創造出屬於自己的操盤佳績。透過零股投資，不論是菜籃族、上班族、家庭主婦也都可以輕鬆踏入股票投資的領域，不妨就讓自己成為一位微型基金操盤手吧！

零股投資問答篇

地點：口木看盤聊天室

問者：小子

答者：口木

Q: 小子細細思量後覺得，對於零股買賣者而言，短線實在是事倍功半的操作方式；因為零股應該是所有股市交易中最不靈活，最不適合短線的交易了，對嗎？

A: 你說的沒錯，零股受先天交易條件的限制，的確較適合中長線投資。但若想較短線操作零股亦無不可，重點是要挑選熱門的績優股（如中華電、中鋼……等）比較容易買賣。不過，這些股票的波動較小，所以價差不大，不容易套利。如果能抓到強勢個股的漲勢，由底部往上接，由多筆零股累積成整張股票，在波段高點剛好可以整張出貨，也可能有不錯的獲利成績。

中線價值型投資的好處就是：基本面對了、線型對了，那就傻傻地買，眼前雖然沒什麼利潤的感覺，但拉長時間來看，不失為穩健獲利的機會。

對初學者來說，長線、短線，都可以試試，不必太早定型，總之，一定要趁年輕及早小額試單，找出最適合自己的操作方式，只要不提早畢業，在這個市場活得夠久，就「有機會」成為股市贏家。

Q: 我多半都是「追高」，所以都要先確認大盤偏多，再找已經上漲的個股；用這種方式交易零股，有點「賭明天收盤價」的味道，而最糟的是：若是跌了，盤中沒辦法反應，往往三天的漲勢，一天就跌回來；所以停損和停利都沒辦法拿捏的很準。或許是我自己不懂得做，而冤枉了零股的短線？

A: 我們得先確認一下你所說的「短線」到底有多短？個人以為 1 個月以內的操作就算短線，而

小子喜歡的「極短線」操作週期可能在幾天以內，的確不適合以零股操作。在多頭時期零股交投通常較為熱絡，但在空頭時零股交易冷清而不容易成交，於是乎更缺乏短線的操作空間。零股的操作，老實說，如果做得太短或找籌碼太集中的個股，簡直是拿石頭砸自己的腳。「零股投資法」最適合績優大型個股、長線操作、甚至是以定存的心態來「存股票」。然而零股交易並不是萬靈丹，只是一種化整為零，擴大投資範圍的一種方便。若用零股買一堆爛股票，結果只是把壞事搞得更零散罷了。零股交易本身並不會帶來太多好處，我們應該了解零股交易的特性，善用其優點、避開他的缺點，挑準好標的並掌握適當的買賣點，才有實際的獲利空間。

零股操作的缺點在於本身選股及交易時間點的限制，其優點在於分散分險及降低人性弱點之誤判，換個角度來說，其交易不便的缺點反而可以降低投資者過度操作的頻率。總而言之，個人以為短線操作零股只是一種「可行」的方

炒作過的股票，就和婚後爆肥的女星一樣乏人問津。

式，但卻不是理想的操作模式。

Q: 小子曾遇過零股成交價高於收盤價，前幾次看到只是高過 1、2 檔（註）。但這次卻遇到零股成交價一口氣高過整股收盤價 5 檔以上的特例，請問這該如何解釋？

A: 你說的情形應該是發生在比較冷門的個股交易上。當市場缺乏效率時，價格就容易出現極端值，零股交易市場相對冷清，所以常會有異常高價或異常低價出現，有耐心的人可以在冷門個股盤後低掛買單或高掛賣單套利，但成交機率頗低，最後可能只是浪費時間虛耗生命而已。我仍然建議回歸價值投資的軸線，選擇交投較熱絡的股票當做零股投資標的，如此一來才容易掌握投資的步調。

註：檔位是股票的升降單位，目前台股採 6 個級距方式，股價未滿 10 元者，股價升降單位為 0.01 元，10 元至未滿 50 元者為 0.05 元、50 元至未滿 100 元者為 0.1 元、100 元至未滿 500 元者為 0.5 元、500 元至未滿 1000 元者為 1 元、1000 元以上者為 5 元。

自從口木提倡零股交易後，許多投資人喜歡在盤後高掛買單追逐熱門零股，我並不建議過度追價，因為追價的行為必然累積價格風險，只要有耐心，通常以收盤價或低個1、2檔的價位即可能成功買進喜歡的零股，尤其在大盤出現較大拉回跌幅時，可能就是買進價值零股的好時機。

口木座右銘

如果複利的威力可在計算機上不斷累計而得，那我100年後可以買下地球。

【後記】

做個快樂的投資人
別讓致富美夢毀了一生*

　　隨著股市攻上 9,000 點，萬點聲浪此起彼落，愈來愈多年輕人在股市賺到人生中的第一筆財富，於是想要放棄手上的工作，轉為專業投資者。在思考這個人生問題之前，請先聽兩則真人真事吧。

實例 1：阿琴姨的轉變

　　阿琴姨在 90 年代舉家到中國開設工廠，無奈投資失利，結束了工廠之後回到台灣開了一間服飾店，可惜生意平平，她為了加速清償清務，於是向銀行貸了 500 萬本錢跟朋友一起做股票。前幾年靠著幾支飆股發了筆橫財，但也曾經踩到幾檔地雷股損失慘重，害得她幾乎情緒崩潰一度想要輕生。她努力研究財報、技術分析，也不忘閱讀報紙的財經

---

*本文首先發表於 Smart 智富月刊第 152 期

版及理財雜誌，每晚定時收看財經頻道，犧牲睡眠與休息的結果讓她看來更顯蒼老。服飾店的生意久未見起色只好結束營業，她結算幾年下來的股市交易，才驚覺竟賠了上百萬，讓原本的債務更顯沈重！她索性把股票出清，轉而研究房地產投資。幸運地在前幾筆土地買賣賺到了錢，慢慢領略出房產投資的技巧心法並持續創造財富。阿琴姨告訴自己，還好能從股市抽身，找到屬於自己的舞台，才能過更健康有活力的新生活。

實例 2：醫學生 L 的選擇

　　時間回到千禧年台股萬點多頭行情，L 君就讀醫學系大五，當時已累積數年投資經歷，他從大一開始就兼家教賺到數 10 萬本錢，隨後靠著神準的投資快速累積到「人生第一桶金」。不過在眾人稱羨的成績背後，卻付出了睡眠不足、課業退步的代價。首先是他在醫師國考屢試不過，在醫院實習時又常遲到打瞌睡而被總醫師指責，他雙手一攤不在乎地說：「反正以後也不當醫生了，我要成為職業操盤手！」無奈 2001 年遭逢電子股沫泡崩盤，他

幾乎賠光了本金，為了面子卻也不敢向朋友訴苦。兩年後結束醫學院課程，他反覆考了幾次醫師國考未第，做了幾年黑牌醫生，離開醫界即與同學們失聯，沒有人知道他的去向。

看了這兩則實例改編的小故事，我們可以發現兩位主角有幾點共通特色：

1. 他們誤以為在股市可以輕鬆長期獲利，因此犧牲了本業工作與正常的生活作息。將過多時間精力全投入股市操作。

2. 在多頭市場中賺到的錢未能在空頭市場中守成，隨著行情高上低下，到頭來一場空，等於作白工還倒賠。

但兩者不同之處，在於阿琴姨能及早發覺自己並不適合從事股市操作，轉而投入更符合個人性格的房地產投資並從中獲利；而 L 君則自怨自艾，眼看自己的老同學紛紛成為主治名醫，自己卻一事無成而無地自容，只怪當年糊塗放棄大好前程，結果只能學謝安真的台詞大嘆自己「回不去了！」。

在上述實例中，並不是要告訴讀者「房地產一定賺錢」或「股票一定賠錢」的片面結論，事實上，每個人擅長的投資領域不同，有人適合安安穩穩地從事本業，也有人適合投資股票或房地產，得權衡個人條件與心理素質而定。金融操作原本就是極端專業且充斥風險的領域，若非經歷長期專業養成並累積實戰經驗，或許再加些運氣與天份，實在不是普通人可駕馭的差事！

股市新手可能在多頭市場嚐到甜頭，就夢想能辭職只靠理財致富，即便曾有少數人成功達成此般美夢，事實上更多人夢醒後遍體鱗傷、後悔莫及！

若您正打算放棄工作轉型為專業投資者，口木在此提供幾點意見：

1. 堅持本業勿輕放

專業養成需長時間培養及客觀背景支撐，而本業薪資通常是報酬率較高且穩定的獲利途徑。除非本業已全無發展機會，否則我建議應繼續在本業打拚，留一條後路給自己。

口木座右銘

我從來沒聽說過看報紙、看電視做股票不慘賠的。

2. 以 5 年為觀察時程

一次多空景氣循環約需 5 年時間，若在 5 年內能維持穩健獲利，而且投資收入大過本業收入，這才可以驗證自己的操作功力可凌駕景氣多空循環之影響。

3. 監測生理心理狀況

在財富之外，身心靈健康皆是人生重要財富，若你的財富是以出賣肉身健康換取來的紙上績效，絕對不是划算的交易。一個成功的操盤手須具備體力、意志力與專注力，才能維持長期獲利。當你發現自己的健康亮起紅燈，就得停下腳步思考自己是否應繼續從事投資工作囉！

4. 預留適當的準備金

投資不如本業收入一般穩定，必然有賺有賠。踏進「專業投資」這條路，就要事前設定好投資本金的數目，萬一虧空本金就應立即出場認輸，切勿繼續投入資金以免愈陷愈深。另外也得準備好家庭預備金以免破壞家人生活步調或影響孩子的學業。

　　猶記 10 多年前我也曾有過成為專業投資者的綺麗夢想，但在我披上醫師白袍之後，這夢想已隨時間褪去而被病房與診間的細菌病毒啃盡。今日留下這篇文章，希望年輕熱情的讀者能細細品味推敲箇中深意。

　　讀到這裡，恭喜各位修練口木股市心法告一段落。最後請記住我的叮嚀，要堅持自己做一個腳踏實地的快樂投資人，千萬別讓不切實際的致富美夢毀了自己的前途與人生幸福喔！

口木座右銘

笨笨地存錢並不笨，存錢總比賠錢好。